# 全員参加の全力教室

## やる氣を引き出すユニット授業

杉渕鐵良＋ユニット授業研究会 編著

日本標準

## はじめに

平成となり，忍耐という言葉が失われています。

学級崩壊現象は，当たり前になっています。

若手教師に，

「45分間子どもを集中させる授業をしなさい」

というのも無理な話です。できるわけがないのです。

今の子どもに合った授業が必要なのです。

ユニット授業は，子どものやる氣を引き出し，子どもを伸ばす授業です。

ポイントを絞るので，短時間で行うことができます。

スピード，リズム・テンポがあり，子どもをあきさせません。

ユニット授業は，すべてに活用できる基盤となる力を育てます。

成功体験をすることで，自信をもちます。

自分が伸びることで，態度，行動が変わってきます。

子どもに「できた！」という成功体験をさせましょう。

向上する喜びを体験することで，子どもはやる氣になります。

そのやる氣を，波及させましょう。

まずはひとつ，ユニット授業をやってみましょう。

「やった！」という手応えをつかんでください。

今までの授業で得られない手応えを感じることができるでしょう。

ユニット授業で，未来を切り拓きましょう。

子どもを伸ばし，教師も伸ばす，ユニット授業を始めましょう。


2014年3月

杉渕 鐵良

# 目　次

- ■ はじめに …………………………………………………………………… 3

## 1　やる氣を引き出す ユニット授業とは

- ■ ユニット授業のすすめ ………………………………………………… 8
- ■ ユニット授業の発見 …………………………………………………… 10
- ■ ユニット授業の特長 …………………………………………………… 12
- ■ 土台をつくるトレーニングユニット ………………………………… 14
- ■ 上達論 …………………………………………………………………… 17
- ■ ユニット授業の哲学 …………………………………………………… 20
- ■ 45分間をユニットで構成する ………………………………………… 24
- ■ ユニット授業の注意点 ………………………………………………… 26
- ■ 毎日続けることに意味がある ………………………………………… 28
    - 実録・ユニット授業 ……………………………………………… 30
    - ユニットの選び方 ………………………………………………… 34
    - 役立つアイテム・フラッシュカード …………………………… 36
    - 役立つアイテム・カルタ ………………………………………… 38

## 2　計算ユニット集

- 　　10マス計算をはじめましょう ……………………………………… 40
- ■ 計算①　10マスたし算 ………………………………………………… 42
- ■ 計算②　10マスひき算に入る前に …………………………………… 44
- ■ 計算③　10マスひき算 ………………………………………………… 46
- ■ 計算④　10マスかけ算 ………………………………………………… 48
- ■ 計算⑤　穴あき九九 …………………………………………………… 50
- ■ 計算⑥　なんのこれ式！ ……………………………………………… 52
- ■ 計算⑦　10題わり算 …………………………………………………… 54
- ■ 計算⑧　あまりのある10題わり算 …………………………………… 56
- ■ 計算⑨　混合計算 ……………………………………………………… 58
- ■ 計算⑩　高速トランプ計算 …………………………………………… 60
- ■ 計算⑪　パワーアップ10マスかけ算 ………………………………… 62

## 3 漢字ユニット集

- 漢字①　新出漢字の読み …………………………………………………… 66
- 漢字②　いろいろな読み方「生」 ………………………………………… 68
- 漢字③　いろいろな読み方「雨」 ………………………………………… 70
- 漢字④　対義語 ……………………………………………………………… 72
- 漢字⑤　同音異義語 ………………………………………………………… 74
- 漢字⑥　四字熟語 …………………………………………………………… 76
- 漢字⑦　部首 ………………………………………………………………… 78
- 漢字⑧　かんじのちがい …………………………………………………… 80
- 漢字⑨　数え方 ……………………………………………………………… 82
- 漢字⑩　一生県名 …………………………………………………………… 84
- 漢字⑪　漢字リピート ……………………………………………………… 86
- 漢字⑫　漢字探し …………………………………………………………… 88
- 漢字⑬　くりかえし漢字プリント ………………………………………… 90

## 4 音読ユニット集

- 音読指導のポイント ………………………………………………………… 94
- 音読のバリエーション ……………………………………………………… 100
- 音読①　おすすめ教材１年 ………………………………………………… 102
- 音読②　おすすめ教材２年 ………………………………………………… 104
- 音読③　おすすめ教材３年 ………………………………………………… 106
- 音読④　おすすめ教材４年 ………………………………………………… 108
- 音読⑤　おすすめ教材５年 ………………………………………………… 110
- 音読⑥　おすすめ教材６年 ………………………………………………… 112

　　ユニット授業のここがおすすめ！ ……………………………………… 114

## 5 ユニット授業体験記

- ■一点突破！10マス計算で成長が波及する！／白木 一宏 …………… 116
- ■3分間でできる―10マス計算で始める少人数クラス算数／駒田 友希 …… 118
- ■テストを活かした学習で「わかる」から「できる」へ／小林 信男 ……… 120
- ■教師が伸びるユニット授業／菅原 美喜夫 …………………………… 122
- ■子どもが熱中する漢字指導／関貫 麻理 ……………………………… 124
- ■密度の濃い1日になる／亀井 信也 …………………………………… 126
- ■「ユニット授業」をもっと速く，テンポよく！／髙木 義将 …………… 128
- ■ユニット授業に出会って大きく変わった自分，子どもたち／渡辺 志穂 … 130
- ■全員発言が書く力に波及！／宮澤 明 ………………………………… 132
- ■今日も，楽しい学校が始まる！／金沢 祐美 ………………………… 134
- ■授業が楽しくなる！／五十嵐 友一 …………………………………… 136
- ■教師修業入門以前／津浦 和幸 ………………………………………… 138
- ■ユニット授業が中学を救う／本田 大輔 ……………………………… 140

　　ユニット授業研究会紹介 ……………………………………………… 142

# [1]
## やる氣を引き出す ユニット授業とは

# ユニット授業のすすめ

　「学級崩壊」が当たり前のようになりました。
「崩壊させなければいい」
　教師の意識も，変わってきています。
　何かがちがいます。
　　「子どもを伸ばす」のが，教師の役割です。

　崩壊現象が見られるのは，多くの場合，授業中です。
　学校の時間の多くは，授業時間です。
　学級づくりの大切さが，力説されていますが……
　大切なのは，授業だと思います。
　授業を変えずして，子どもを伸ばすことができるでしょうか。

　携帯電話の進化は，すごいですね。
　どんどん新しい機種が生まれます。
　電話はスマートフォンに変えたのに，授業は黒電話のままではないでしょうか。
　どうして，乗り換えないのでしょう。
　授業は，私が教師になった30年前と少しも変わっていません。
　時代に合わない授業を，今も続けているのです。
　子どもたちに受け入れられないのも，うなずけます。
　今行われている45分間の授業は，子どもを伸ばしていますか。
　もしかしたら，延ばしているのではありませんか。
　何が大事なのか？
　授業の形式か？
　子どもを伸ばすことか？
　考えるべき時がきたと思います。

　45分間1単位の授業だと，密度がうすくなります。
　授業がスローになります。
　今の子どもたちのスピードに，合っていません。
　45分間は，長いのです。
　いえ，長すぎます。

　メリハリのないだらだらした授業。
　これが毎日くりかえされるのです。
　　子どもたちは，達成感がありません。
「やった」「できるようになった」という成功体験ができません。
　それどころか，やればやるほど，
「授業はつまらない」「勉強はおもしろくない」
体験をしてしまいます。
　教師も同様です。

一生懸命教材研究しても,結果に結びつきません。
「どうして……」
　打つ手がないまま,時が過ぎていきます。
　だんだん,モチベーションが下がっていきます。
　努力しても,うまくいかない。
　いちばんよくないパターンです。
　教師が,成功体験をすることが必要なのです。

　今の子どもに合わせて,授業を変えてみませんか。
　新しい形の授業です。
　「ユニット授業」といいます。
　「ユニット授業」とは,考え方です。発想です。
　「45分間という枠」を外す。
　これだけで,授業はがらっと変わります。
　ある日の授業を見てみましょう。

**◆杉渕学級　国語の授業**
　・班学……グループ学習
　・ひと班学(あいさつ,返事)……1班から順に発表する。
　・ワン学……1つのユニットだけを発表する。
　・教科書音読
　・圧倒声音読
　・表現読み
　・漢字復唱読み,リズム漢字
　・漢字超高速読み
　・部首音読
　・部首探し
　・5分間漢字テスト
　・一文解釈「『便利』ということ」
　・表現&解釈「ごんぎつね」

　13のユニットで構成されています。
　それぞれのユニットは,独立しています。
　短いものは,1分かかりません。
　2〜5分くらいが,多いです。
　ユニット授業は,短時間でできます。
　やることがはっきりしています。
　スピードがあります。
　リズム・テンポがいいです。
　子どもも,教師も,成功体験をすることができます。
「授業って,おもしろい」「力がついた」を実感することができます。
　まずは,教師が成功体験をすることが大切です。
　ユニット授業に,取り組んでみませんか。

# ユニット授業の発見

　ユニット授業の胎動は，1989年です。

　独自のカリキュラムが必要だと切実に感じるようになったのは，1989年，1年生を担任してからです。
　1年生は，1時間（45分）集中することが難しいですね。
　特に入学したてはそうです。
　文字の練習，音読練習など，10分もやればあきてしまいます。
　このような実態を目の当たりにして思いました。
「なんで6年生も1年生も，授業時間は45分と決まっているのだろう。実態がちがえば，当然授業時間も変わってくるはずだ！」

　なぜ，1年生から6年生まで授業時間が同じなのか？
　実態に応じて変えるべきではないのか？

　これが第1の問題意識です。

　私は，10〜15分おきにやることを変えてみました。
　そろそろあきてきたなーと思うとパッと（やることを）変えるのです。
　10〜15分だと，入学したての1年生も集中することができました。
　逆に，2〜3時間続けてやっても，あきないで集中していることもありました。
　すぐにあきることもあれば，長時間やってもあきないこともある……。
　いつも同じではない（今考えれば，当たり前のことですけれど）……。
　授業時間はそのときの状況に応じて変えてもいいのではないか？
　なぜなら，「はじめに授業時間ありき」ではないからです。
　授業時間に限ったことではありませんが，教育においては，「はじめに子どもありき」です。
　子どもが乗ってきたのに「今日は時間だから，これで終わり」にしてしまいます。
　2〜3日後，その授業の続きをします。
　あの盛り上がりはどこへやら。
「あれっ，こんなはずじゃない」と思っても，後の祭りです。
　時間割にこだわったばっかりに，子どもの意欲をだいなしにしてしまった……。
　このような経験もありました。
「乗ってきたときは，同じことを続けてやってもいいのではないか？」
「週3回の授業より，毎日続けてやる方がいいのではないか？」
　なぜ，時間割どおりにやる必要があるのか？
　同じことを続けてやってもいいのではないか？
　週1回の授業だって，次の日，あるいは，毎日やってもいいのではないか？

　これが，第2の問題意識です。

　少しでもいいから毎日やった方がいいものもあります。
　私の経験からいえば，基礎的な音読，漢字，計算は，少しでもいいから，毎日やった方が効果がありま

す。
　それなのに,なぜ,音読,漢字は国語の時間,計算は算数の時間にやらなければならないのか?
　毎日ある教科はいい。
　しかし,算数は毎日ない。
　計算をやる日やらない日が出てくる。
　毎日やる方が効果があるとわかっているのに,なぜ時間割にこだわるのか?
　毎日やる方が効果があるとわかっているのに,なぜ,時間割どおりにやる必要があるのか?
　毎日やるべきではないのか?

　これが,第3の問題意識です。

　以上の問題意識をもっていた私は,時間割を変更しました。

[問題意識1]
　子どもの実態に応じて授業時間を変えるべきではないか?

[問題意識2]
　乗ってきたことは続けて,あるいは毎日やってもいいのではないか?

[問題意識3]
　毎日やった方が効果的なものは,毎日やるべきではないのか?

　これらの問題意識から生まれたのが,ユニット授業です。
　教科・時間の枠にとらわれず,「子どもを伸ばす」ために生まれた新しい授業です。

# ユニット授業の特長

### 短時間

　1つのユニットは，1〜10分くらい。
　短時間で行えます。
　時間が短いので，だれることがありません。

### 継続性

　ユニット授業の特長のひとつです。
　「追試」は，その場だけで終わることが多いです。
　「ネタ」も，同様です。
　そこには，上達論が見えません。
　・毎日行う。
　・上達する。
　やったりやらなかったりでは，効果がありません。
　昨日，3日ぶりにハードルを教えました。
　見事に，リセットされていました。
　これは，ほかの学習にもいえることです。
　毎日，短時間×多回数がポイントです。
　できない子も，毎日やっていれば，できるようになります。
　普通の子が，10回でできるところが，100回かかります。
　それだけ，続けるかどうか。
　教師の姿勢が，問われます。
　教師の思いを具体化するのが，ユニット授業です。

### 自由度

　ユニット授業は，自由度が高いです。

　研究授業をします。
　がんじがらめになったことは，ありませんか。
　私はあります。
「私の授業なんだから，好きにやらせてほしい」
「これは，区の体育部の授業なんです」
「……」

　ユニット授業は，クリエーティブです。
　自分で，創ることができます。
　・時間
　・内容
　・方法
　・分量

・演出
・上達論

これらを，どう組み合わせるか。

組み合わせによって，1ユニット1000以上のバリエーションが生まれます。

バリエーションも，特長のひとつですね。

「バリバリ」（笑）

「1000バリ氣」（笑）

なんていうのは，どうでしょう。

## 時間意識

教師ほど，時間意識がない職はないのでは？

「45分間」を意識するのは，難しいのです。

即席カップ麺，待つのは3分。

マクドナルド，1分くらい？

ウルトラマンだって，3分なのです。

助さん，格さんが印籠を出すのが，8時45分なのです（笑）。

「45分間」だと，時間をもてあますのでは？

何とか，引き延ばそう（笑）。

うすくなるわけです。

ユニットは，そうはいきません。

「1分間ユニット」は，だれているひまがありません。

私が勉強したのは，CMです。

短時間で，必要なことを伝える。

間延びしたCMなどありません。

印象づける，

残る言葉を使う，

などなど。

勉強になります。


「あいさつリレー」は，30秒くらいですね。

1分，3分でユニットを創る。

スタートは，このへんかな。

# 土台をつくるトレーニングユニット

　スポーツでは，基本的練習を行います。
　野球なら，素振り，キャッチボールなど。
　初心者から名選手まで，すべての選手が行います。
　しかし，教育界はちがいます。
　授業は，試合です。
　試合，試合の連続です。
　スポーツでは，（体力）トレーニングを行います。
　初心者から上級者まで，すべての選手が行います。
　しかし，教育界はちがいます。
　身体造りならぬ，頭づくりをしていません。
　いきなり試合から入るので，練習する時間がないのです。
　基本の習得の時間が，保障されていないのです。
　だから，できない子はできないままなのです。

　土台となる能力を育てましょう。
　能力は，脳力です。
　「ノーッ」と言わずに，脳を鍛えるのです。
　驚くほどの効果があります。
　朝学習として，週2回程度やっても効果はありません。
　毎日やることが大切なのです。

　たとえば，「発言」です。
　「全員が発言する」
　発言力は，どの教科でも必要とされます。
　しかし……「発言力をつける」授業は行われていません。
　多くの場合，発言する子としない子に分かれます。
「高学年になると発言しない」
という都市伝説がありますが，真っ赤なうそです。
　発言のトレーニングをしていないだけです。

　日常的には，会話のキャッチボールをしています。
　友だちが言ったことに対して，すぐ答えています。
　交互に話すことができます。
　発言も同じように考えればよいのです。
　「できない」のではありません。
　「できない」と思っているだけです。
　子どもも教師も。
　「書かせてから発言させる」
　教育界の定番です。
　しかし，書いても発言しない子がいます。

「書く」と「発言」は，別物なのです。
日常会話は，書かずに発言していますね（笑）。
意識を変えれば，授業でも可能です。

全員を立たせます。
発言したら，腰かけます（初期の段階）。
こうすると，誰が発言して誰が発言しないか，はっきりします。
時間がかかる場合は，5分で切ります。
いつも発言しない子が，決まってきます。
その子たちを，個別指導すればいいのです。
「5分で，全員発言」（35人くらいまで）。
達成可能な数字です。
時間を意識すると，スピードが出てきます。
会話するとき，だらだらしゃべっていますか？
熱中しているとき，会話のテンポは，ものすごく速いのではありませんか？
それを，授業の中で行えばいいのです。

たとえば，音読です。
「教科書がすらすら読める」
基本中の基本です。
水泳でいえば，「25メートル泳げる」ことです。
四の五の言っていないで，力をつけることが大切。
「声を出して読む」は，すべての基本です。

どの教科書でも，音読させます。
お知らせも，音読させます。
「すべて音読」
スピードをつけて読むことが，大切です。
多くの場合，ゆっくりすぎます。
スピードがないと，だらけます。
少し速いスピードがいいと思います。

ある子は，漢字が苦手です。
読めません……。
ルビを振っても，読めないのです。
「しようがない，日本に来たばかりだから」（笑）
こう思えばいいのです。
指導開始。
国語の教科書，下段に載っている漢字を高速で読んでいきます。
現在は，25ページまで。
その子は，30秒かかっても読めません。
「漢字超高速読み」ユニットで，トレーニングします。
わずか，3〜5分です。

読む→読めないところを練習→読む→読めないところを練習→読む。
交互に行います。
教師がいっしょに読みます。
読むところを少なくし，練習させます。
高速で読ませます。
ゆっくりだと，力はつきません。
その子は，次の日，22秒で読めるようになりました。
2日目は，11秒になりました。
驚異的な進歩です。
3日目は，9秒。
なんと，10秒切れるようになりました。
みんなに追いつきました。
4日目は，土曜授業参観日。
保護者の前で，8秒という記録をたたき出しました。
ユニットの可能性，子どもの可能性が出た瞬間でした。

ある子は，社会科が苦手でした。
毎日，教科書音読を続けました。
大きな声で，速く読みます。
1年後，テストの点は，急上昇。
ほとんど，100点をとるようになりました。
「どうして，そんなに伸びたの？」
「あれだけ（教科書）読めば，覚えますよ」

　「土台づくり」のユニットを，「どーだい」といいます（笑）。
みなさん，取り組んでみませんか。
驚くほど，効果があります。

# 上達論

わからない子に,しつこく教えても無駄です。
教えれば教えるほど,その子は混乱します。
情報量がありすぎて,パンクしてしまうのです。
それより,簡単な問題をやらせましょう。
いっしょにやるといいですね。

練習時間をつくり,練習させます。
個別指導をします。
その子の弱点に対し,どうしたらいいかアドバイスします。
しかし……すぐできるようになるわけではありません。
頭でわかっても,手に伝わりません。
頭では答えが出ていても,手が動かないのです。
頭から手への道が,開通していないのです。
この道を「回路」といいます。
練習とは,「回路をつくる」ことなのです。

反復練習が必要なのは,「回路をつくる」ためです。
いまだに,反復練習を否定している人がいます。
イチロー選手は,反復練習をしないのでしょうか。
瞬間的に手が動くまで練習。
そうしないと,使えるようになりません。
「わかる」と「できる」はちがいます。
わかっても,できるようにはなりません。
まだ,回路ができていないからです。
回路イコール「感覚」といってもいいでしょう。
感覚が身につけば,サッと答えが出るようになります。

「あまりのある100題のわり算」に取り組みました。
2つのやり方で,行います。

## 10題分割
100題を,10題ずつブロックに分けます。
1〜10ブロック,それぞれ10秒制限でやらせます。
最初は,10秒ではできません。
何題できるか,数えます。
できたところまでで,線を引きます。
少しずつできるようにし,10秒で10題できるまで練習させます。

## 100題通し
100題連続で行います。
制限時間は,2分です。
何題できるか,数えさせます。

最初は，2分で3題しかできない子もいました。
くりかえし練習していくと，できるようになってきます。
感覚的に，わかってきます。
これを，「回路」といいます。
回路をつくることが，上達の秘訣なのです。

「回路をつくる」
この意識があるかどうかで，ちがってきます。
ユニット授業は，回路をつくります。
レベルを上げようとすると，失敗します。
なすべきことは，回路づくりです。

始めたばかりの頃は，回路ができていません。
33÷9という問題を見ても，答えが浮かびません。
ようやく答えが出ても，あまりが浮かんできません。
33−27に時間がかかります。
あまりのあるわり算は，商を立てる，あまりを出す。
2段階なのです。
ですから，難しいのです。

練習方法を教えます。
ブロックごとにやらせます。
さっとできるところは，よしとします。
えんぴつが止まってしまうところが，弱点です。
蛍光ペンでマークします。
マークしたところを，練習するのです。
指で，答えとあまりを隠し，口頭で答えを言うのです。
何度も，口に出して言います。
まずは，口で言えるようにします。

問題をカードに書き写します。
おもてに問題，うらに答えとあまりを書きます。
カードを見ながら，練習します。
さっと答えとあまりが出るようになるまで，練習します。
これが，普通の方法です。

角度を変えて，練習します。
たとえば，「÷7」だけをピックアップします。
「÷7」の問題をまとめて練習するのです。
そうすると，「÷7」の感覚ができてきます。
「感覚」づくり＝「回路」づくり
「回路」づくり＝「感覚」づくり

「回路づくり」を進めていきます。
　高速で頭→手に移動できるようにします。
　「わかる」→「できる」へ高速移動するのは，難事業です。
　まずは，教師が認識することです。
　次に，子どもに教えることです。
　きちんと教えます。
　・「わかる」＝「できる」ではない。
　・「できる」ようになるための「回路づくり」が必要。
　・「回路をつくる」ために，反復練習が必要。
　このようなことがわかってくると，子どもは変わってきます。
「なんで，こんなことするの」
「どうして，10回もするの」
などと言わなくなります。
「今，回路づくりの段階なんだな」
ということがわかっているからです。
　そうすると，練習をいやがらなくなります。

　すぐにできる子もいますが……それは見かけだけです。
　練習をやめると，すぐ元に戻ってしまいます。
　即効性のあるものは，逆も即効性があるのです。

　ある子には，時間をかけて指導してきました。
　計算が，大の苦手です。算数が大きらいです。
　2カ月たって，2分でできるようになりました。
　3カ月たつと，1分30秒でできるようになりました。
　高速回路ができたのです。
　4カ月たつと，1分10秒でできるようになりました。
　クラスでも，上位です。
「信じられない……」
　毎日積み重ねることで，驚くほど上達したのです。
　ユニット授業には，上達論があるのです。

# ユニット授業の哲学

## 子どもを伸ばす

　校内で，外部で，いろいろな授業を見ます。
　ほとんどの場合，間延びしています。
　子どもが，集中していない……。
　密度が濃くない……。
　無駄な時間が多すぎる……。
「これでいいのか……」
　悲しくなります。

　ユニット授業を見た人は，驚きます。
　スピード，切り替えの速さ，密度……。
「速すぎる。子どもがついて行けない」
　いや，ついて行けないのはあなたです（笑）。
　ユニット授業が速すぎるのでしょうか。
　いえ，普通の授業が遅すぎるのです。
　問題は，「子どもが育っているかどうか」です。
　「一人ひとりを伸ばしているかどうか」です。
　新卒の頃から，これをめざして授業をしました。
　・どの子も伸ばす。
　・1人残らず伸ばす。
　私の力では，どうしても達成できませんでした（既成の授業では）。
　そこで，ユニット授業を開発したのです。
　方法は，異端かもしれません。
　しかし，哲学は王道だと思っています。
　今行われている45分間の授業は，子どもを伸ばしていますか。
　「45分間もたせる」ことに，頭を使っていませんか。
　子どもを，延ばしているのではありませんか。
　何が大事なのでしょう。
　授業の形式，45分間という授業時間を守ることでしょうか。
　なぜ，形にとらわれるのでしょう。
　私には，理解することができません。
　つまらない，だらだらの45分間より，高速高密度な5分。
　ユニット授業は，形式ではないのです。
「1人残らず伸ばす」
　教師の執念が，形になったものです。
　「子どもを伸ばす」ことが，ユニット授業の哲学です。

## 1人残らず伸ばす

　特別支援の先生から声をかけられました。

わがクラスのTさん（5年生）のことです。
　漢字が書けるようになって，驚いたとのことです。
　受け持ってから，8カ月後のことです。
　この子は，境界線上の子です。
　九九の4×7を覚えるまで，2カ月かかりました。
　漢字も，ほとんど書けませんでした。
　1年生の漢字が，書けないのです。
　練習しても，正しく書けません。
　まちがった字ばかり書いていました。
　それでも，めげずに指導を続けました。
　毎日5分。
　3カ月たつと，1年生の漢字が書けるようになりました。
　1年後……1～4年生の漢字が書けるようになりました。
　そればかりか，スピードがついてきました。
　できない子は，いません。
　教師があきらめなければ，どの子もできるようになります。
　「どの子もできるようになる」のです。

## まず教師から

　先生とは，先に生まれた人ではありません。
　「先ず生き生きする人」です。
　たとえば，音読です。
　読めない子には，付き合いましょう。
　教師が読む→追い読みさせる。
　読めない。
　教師が読む。→追い読み。
　読めなければ，読む部分を短くします。
　これでも，読めない子がいます。
　教師が何度も，くりかえし読みます。
　単語1つのこともあります。
　できない子は，それくらいできません。
　問題が読めると，解けることがあります。
　「読める」ことは，「わかる」ことにつながっています。
　いきなり「わかる」ではなく，まず「読める」。
　これが大切だと思います。
　まず，教師が行うことが大切です。

## エネルギーを引き出す

「エネルギーを引き出す」
という観点で，ユニット授業を創ります。
　多くの授業は，学力をつけるため。
　これでは，ダメです。
　エネルギーを引き出すと……

結果として,学力がつくのです。

## 角度を変えて鍛える
たとえば,前にも例に出した「100題のあまりのあるわり算」です。
### 10題ずつ
100題を10のブロックに分けます。
10題ずつ,10秒制限で行います。
### 100題連続
100題連続,2分制限で行います。
ある程度できるようになったら,角度を変えて鍛えます。
### 10秒制限
10秒制限×6セット
1分を6分割する。
6セット行うことで,合計1分となる。
### 15秒制限
1列(25題)を15秒制限で行います。×4セット
集中力を鍛えます。
### 30秒制限
2列(50題)を30秒制限で行います。×2セット
スタミナと集中力を養成します。
同じことを続ける,大切なことです。
同じだからこそ,進歩,変化がわかります。
同じことを続けると,あきてきます。
あきるというのは,変化がない,進歩しないということです。
### あいさつリレー
順番を変える。
・名前のあいうえお順
・男女
・男女で同時にスタート
・逆から
・スタートする子を変える。
・本当に,バトンを渡していく。
・「グッドモーニング」と言う。
・教室以外で行う。
・班→班→班でリレー
### 音読
個で読む。
班で読む。
全員で読む。
高速で読む。
超高速で読む。
復唱読み。
リレーで読む。

1人1文など。
　　表現を変えて読む。
　　体育館で読む。
　　校庭で読む。
## 10マス計算
　・逆から行う。
　・制限時間を変える。
　・テーマソングをかける。
　・立ってスタート。
　・えんぴつを持たずに，スタート。
　・2列連続。
　・問題を書かない。
　・直前に言う。「＋……5，よーい，ドン」
　・リレー
　　　1人1列やったら，交代。5秒で交代など。
　・先生とジャンケン
　　　勝ったらスタート。
　・たし算，ひき算，かけ算をまぜる。

## 1年勝負

　ユニット型の授業は，継続性があります。
　目の前の子どもの実態に応じて，実践の質や量を変えることができます。
　「ユニット」という短く複雑でない活動なら，子どもの実態に応じた指導が，すぐに可能です。
　子どもを見ながら，徐々に変化をつけ，継続的に行うことができます。
　1時間の授業ではなく，1年間というスパンで子どもを伸ばします。

# 45分間をユニットで構成する

　ユニット授業を実践した人は，その効果に驚きます。
　子どもが，ぐんと伸びるのです。
　ユニット授業は45分間の授業を分割します。
　テレビ番組でいえば，コーナーをつくるイメージです。
　いくつコーナーをつくるか，人それぞれです。
　教科書やドリルに載っている教材を使います。
　以下は，国語のユニット例です。

## 声はエネルギー
### 10文漢字音読
　教師が，教科書の文章を1文読みます。
　子どもが，復唱します。
　個，班，全員で読みます。
### 超高速読み
　ハイスピードで読みます。10文なら10秒程度。
　超高速読みは，「すらすら読む」を軽くクリアします。
　1分間で，どこまで読めるか。
　毎日行います。
　だんだん，読む量が増えていきます。

## とってもいいかんじ
### 漢字アラカルト
　「今日のかんじ」漢字豆知識。たとえば「船」と「舟」のちがい。
　「漢字クイズ」部首クイズ，成り立ちクイズ，まちがい探しなど。
　「5分間漢字テスト」50問のプリントを5分間で行います。
　できない子も，毎日続けるとだんだんできるようになります。

### ぶんぽうーグー
　教科書の文法のページを読みます。接続詞，文の構成など。

## 氷原から表現へ
### 表現読み
　「注文の多い料理店」（宮沢賢治）より会話文をピックアップ。
　2人の台詞を読みます。
　表情，目の動き，言い方を変えて読みます。個で，班で，全体で。
　言い方より，表情を重視します。
　表情がよくなると，読みもよくなるのです。
　よい表現の子に発表させます。

## 一文解釈＆指名なし発言

教科書にある文を取りあげます。
たとえば，「妹は，絵本を読まない。」
この一文について，全員が発言します。
最初は，全員が立ちます。
発言した子は，座ります。
発言せざるを得ません（笑）。
だんだん，発言するようになります。
班でやる場合は，「5分間50発言」をめざすようにします。
発言のトレーニングです。
3回くらい同じ文を使います。
どんどん，発言レベルが上がっていきます。
だんだん，発言できるようになります。
「同じことをくりかえす意味」が，ここにあります。

## 本時の楽習
## 「注文の多い料理店」

### 表現読み
今日取りあげる場面を，音読させます。
個，班，全体で。
### 解釈
指名なしで，発言させていきます。
もちろん，挙手指名でけっこうです。
### 書く書くしかじか
まとめを書きます。
5分でノート1ページが目安です。

ユニット授業には，次の要素を盛り込みます。
### 構成要素
・学習形態（個，班，一斉の三態）
・活動（音読，漢字，読解，話し合い，作文）
### 4力を組み合わせる
・書く（自分の考えを書く，授業のまとめを書く）
・考える（人の意見から考える，自分で考える）
・発言する（必ず，全員が発言。最低1回）
・聴く（相手に体を向ける，反応する）

45分間同じことをする授業には，無駄がたくさんあります。
ユニット授業を実践すると，恐ろしいほど時間をロスしていたことがわかります。
ユニット授業を連結し，45分間の授業を創りましょう。

# ユニット授業の注意点

**前提をつくる**

　教育には, 前提があります。
　2年生だったら, 1年生で習得すべきことを習得しているという「前提」があります。
　しかし……実際は, そうなっていません。
　ですから, 「前提をつくる教育」が必要なのです。
　・すべてに共通する基礎・基本
　・○年生の学習
　多くの場合, 両方できていません。
　がんばる先生でも, 「基礎・基本」に着手していません。
　「○年生だから」という考えに, しばられているのです。
　「前提」がないのに, 「前提」を前提に(笑)教育を進めているのです。
　すべては, 目の前の子どもから。
　その子の実態が, スタートラインです。
　カリキュラムに合わせるのではなく, 子どもに合わせるのです。

　文章題ができない子は, 読解力がないといわれます。
　そうではありません。
　読解以前の問題なのです。
　・読めない。
　・言葉の意味がわからない。
　・その言葉を知らない。
　笑うしかありません。
　叱っても, 怒っても, できるはずがないのです。
　「前提」がないのですから。
　初歩の初歩から教えましょう。

**初歩の初歩から**

　指導は, 初歩の初歩から始めましょう。
　「こんなこともできないの?」
　昭和の子に比べ, 大きく落ちています。
　塾に行っている子と, 二極化しています。

　「できない」から, ぐんと伸びるのです。
　「できない」子がいるから, 教師が必要なのです。

　低学年を受け持ったことがあります。
　私が受け持つと, ちがう低学年になります。
　一般的な1年生とは, 別人です。

現在の教育。
1年生の指導が,ダメなのです。
もっと伸びるはずなのに,伸ばしていません。
そのつけを,中・高学年で払うことになるのです。

指導は,初歩の初歩から。
1年生レベルから,始めてください。
できるのなら,どんどん進めればいいのです。
逆戻りは,効果がありません。
「0から始める」
「1から始める」
　そうすれば,「できない」子はいなくなります。
　「できない」のではありません。
　教えられていないのです。
　練習がたりないのです。
　指導がよくないのです。
　「できない」子とは,「できないまま放置されている子」です。

## 1つにしぼる

　ユニット授業の場合,あれもこれも求めてはいけません。
　「1つにしぼる」ことです。

　字をていねいに書く,答え合わせをきちんとする,プリントを……。
　あれもこれもやろうとすると,失敗します。
　時間もかかります。
　1つのユニットで,全部やろうというのはまちがいです。

　答え合わせをするなら,答え合わせのユニットを考えればいいのです。
　・答えつきのプリントにする。
　・答えを配っておく。
　・机間巡視して,教師が丸つけをする(特定の問題のみ)。
　などなど。

　1つにしぼってこそ,ユニット授業のよさが生きます。

## 毎日続けることに意味がある

　リコーダーを教えます。
　45分間ずっと練習させても，うまくなりません。
　下手な子ほど，そうです。
　何もできないまま，終わってしまいます。
　上達した喜びを得ることができません。
　毎日5分ずつ9回練習した方が，うまくなります。
　練習時間は45分間で同じですが，効果はちがってきます。

　分数の計算を教えます。
　45分間ずっと教えても，わからない子はわからないまま。
　次の授業は，先に進んでしまいます。
　わからないところをそのままに，授業だけ進むのです。
　こうして，わからないところがどんどん増えていきます。
　授業を聴いてもわからない……。
　いいやもう。
　あきらめてしまうのです。
　毎回5分教えます。
　できるところまででいいのです。
　同じ問題をくりかえします。
　声を出して教師が言います。
　復唱させます。
教　　師「分数のかけ算は」
子ども「分数のかけ算は」
教　　師「分子は分子同士，分母は分母同士をかけます」
子ども「分子は分子同士，分母は分母同士をかけます」
　2回目，3回目と回を重ねるにつれ，だんだんできるようになります。

　あまりのある100題のわり算をします。
　制限時間は，2分です。
　最初は，2分で10題もできない子がいます。
　毎日行うと……だんだん，できるようになります。
　10題が，20題，30題と，できる数が増えていきます。
　50題をこえると，加速します。やる氣が倍加します。
　3カ月取り組むと，2分で100題できるようになります。
　最初と比べると，別人の実力です。

　私の学級(5年生)は，体育の時間「5分間なわ跳び」を行いました。
　毎回5分です。
　高速前跳びを中心に行いました。「10秒で何回跳べるか」です。
　3カ月で，最低30回以上跳べるようになりました。

トップレベルは，45回跳べるようになりました。
半年で，全員二重跳びができるようになりました。
後ろ跳びを取り入れました。
半年後，全員が「後ろ二重跳び」ができるようになりました。

このように，毎回やること，続けることが大切なのです。
最初できなかった子が，数をかければだんだんできるようになるのです。
ふれる回数が多くなることによって，だんだんできるようになるのです。
短時間×多回数が，上達のコツです。
「短時間×多回数」の上達論が入ったのがユニット授業です。
量は少なくともよいのです。
長い時間だと，集中力が続きません。
無駄な時間が出てきます。
短時間だと，無駄がありません。
集中力も持続します。
ちょっとでいいから，短時間集中して行う。
それを毎日くりかえす，できるまでくりかえす。
この考え方，方法はすべての教科に応用できます。

テストも1回で終わりにすると，できないままの子が出てきます。
できなかった問題を次もやれば，1回目よりよくなります。
3回目になれば，もっとよくなります。
同じテストを，くりかえします。
できるようになったら，時間を短縮します。1回目30分，2回目20分，というように短くしていきます。
5回目になると，5分でできるようになります。
5分でできるようになったら，解くだけでなく，説明を加えます。
問題の解き方をテストに書かせるのです。
これをくりかえすと……半年後，初見のテストでも平均90点以上取れるようになるのです。
信じられないことが起こります。
「短時間×多回数」の継続が，奇跡を生むのです。

1時間1目標の授業は，先に進んでしまいます。
「できない」「わからない」まま，進んでしまうのです。
「できない」子，「わからない」子にとって，厳しいのです。
ユニット授業なら集中できます。
「できない」「わからない」ときは，次で学べばいいのです。
これが，1時間授業とちがうところです。
ユニット授業は，「できない」「わからない」子にとって，救いとなる授業です。

## 実録・ユニット授業

これから, いくつかのユニット授業を紹介します。
まずは, 実践してみてください。

### あいさつリレー

声をつないでいきます。
エネルギーを込め,「声のバトン」をつなぐのです。
前から順番にあいさつします。
子ども①「おはようございます」
　　　　　↓
子ども②「おはようございます」
　　　　　↓
子ども③「おはようございます」
　　　　　⋮
全　員　「おはようございます」
最後は全員で, あいさつします。
個のエネルギーを集め, 集団のエネルギーに変えます。

#### ひと班学

班で, あいさつリレーをします。
1班の子ども①「おはようございます」
　　　　子ども②「おはようございます」
　　　　子ども③「おはようございます」
　　　　子ども④「おはようございます」
　　　　子ども⑤「おはようございます」
　　　　子ども⑥「おはようございます」
　　　　子ども①「1班」
1班全員　　　　「おはようございます」
2班に続きます。
班→班→班のリレーです。

要素
・個, 小集団 (班), 集団
・リレー

### 漢字一覧表

「漢字一覧表」を使った実践を開発しました。
次のページのように学年で習う漢字が一覧になっている表を使用します。

## 4年漢字一覧表

**4年生200字 おぼえたかな**

☆漢字をおぼえたら、漢字の左下の○に、好きな色をぬろう。

なまえ

| あ | 愛アイ | 案アン | 以イ | 衣イ(ころも) | 位イ(くらい) | 囲イ(かこむ) | 胃イ | 印イン(しるし) | 英エイ | 栄エイ(さかえる) | 塩エン(しお) | 億オク | か |
|---|---|---|---|---|---|---|---|---|---|---|---|---|---|
| 加カ(くわえる) | 果カ(はたす) | 貨カ | 課カ | 芽ガ(め) | 改カイ(あらためる) | 械カイ | 害ガイ | 街ガイ(まち) | 各カク(おのおの) | 覚カク(おぼえる) | 完カン | 官カン | 管カン(くだ) |
| 関カン(せき) | 観カン | 願ガン(ねがう) | 希キ | 季キ | 紀キ | 喜キ(よろこぶ) | 旗キ(はた) | 器キ(うつわ) | 機キ | 議ギ | 求キュウ(もとめる) | 泣キュウ(なく) | 救キュウ(すくう) |
| 給キュウ | 挙キョ(あげる) | 漁ギョ | 共キョウ(とも) | 協キョウ | 鏡キョウ(かがみ) | 競キョウ(きそう) | 極キョク(きわめる) | 訓クン | 軍グン | 郡グン | 径ケイ | 型ケイ(かた) | 景ケイ |
| 芸ゲイ | 欠ケツ(かける) | 結ケツ(むすぶ) | 建ケン(たてる) | 健ケン | 験ケン | 固コ(かためる) | 功コウ | 好コウ(このむ) | 候コウ | 航コウ | 康コウ | 告コク(つげる) | き |
| 差サ(さす) | 菜サイ(な) | 最サイ(もっとも) | 材ザイ | 昨サク | 札サツ(ふだ) | 刷サツ(する) | 殺サツ(ころす) | 察サツ | 参サン(まいる) | 産サン(うむ) | 散サン(ちる) | 残ザン(のこる) | 士シ |
| 氏シ(うじ) | 史シ | 司シ | 試シ(こころみる) | 児ジ・ニ | 治ジ・チ(おさめる) | 辞ジ | 失シツ(うしなう) | 借シャク(かりる) | 種シュ(たね) | 周シュウ(まわり) | 祝シュク(いわう) | 順ジュン | 初ショ(はじめ) |
| 松ショウ(まつ) | 笑ショウ(わらう) | 唱ショウ(となえる) | 焼ショウ(やく) | 象ショウ・ゾウ | 照ショウ(てる) | 賞ショウ | 臣シン・ジン | 信シン | 成セイ(なる) | 省セイ・ショウ | 清セイ(きよい) | 静セイ(しずか) | 席セキ |
| 積セキ(つむ) | 折セツ(おる) | 節セツ(ふし) | 説セツ(とく) | 浅セン(あさい) | 戦セン(たたかう) | 選セン(えらぶ) | 然ゼン | 争ソウ(あらそう) | 倉ソウ(くら) | 巣ソウ(す) | 束ソク(たば) | 側ソク(がわ) | 続ゾク(つづく) |
| 卒ソツ | 孫ソン(まご) | た | 帯タイ(おび) | 隊タイ | 達タツ | 単タン | 置チ(おく) | 仲チュウ(なか) | 貯チョ | 兆チョウ | 腸チョウ | 低テイ(ひくい) | 底テイ(そこ) |
| 停テイ | 的テキ(まと) | 典テン | 伝デン(つたえる) | 徒ト | 努ド(つとめる) | 灯トウ(ひ) | 堂ドウ | 働ドウ(はたらく) | 特トク | 得トク(える) | 毒ドク | な | 熱ネツ(あつい) |
| 念ネン | は | 敗ハイ(やぶれる) | 梅バイ(うめ) | 博ハク | 飯ハン(めし) | 飛ヒ(とぶ) | 費ヒ | 必ヒツ(かならず) | 票ヒョウ | 標ヒョウ | 不フ | 夫フ(おっと) | 付フ(つける) |
| 府フ | 副フク | 粉フン(こ・こな) | 兵ヘイ | 別ベツ(わかれる) | 辺ヘン(あたり) | 変ヘン(かわる) | 便ベン・ビン | 包ホウ(つつむ) | 法ホウ | 望ボウ(のぞむ) | 牧ボク(まき) | ま | 末マツ(すえ) |
| 満マン(みちる) | 未ミ | 脈ミャク | 民ミン(たみ) | 無ム(ない) | や | 約ヤク | 勇ユウ(いさむ) | 要ヨウ(いる) | 養ヨウ(やしなう) | 浴ヨク(あびる) | ら | 利リ(きく) | 陸リク |
| 良リョウ(よい) | 料リョウ | 量リョウ(はかる) | 輪リン(わ) | 類ルイ(たぐい) | 令レイ | 冷レイ(つめたい) | 例レイ | 歴レキ | 連レン | 老ロウ | 労ロウ | 録ロク | |

☆音読みの五十音順に並べてあります。　☆( )内は、小学校では習わない読み方です。

部首名を言いながら, 部首の部分に蛍光ペンで色をつけます。

　　いちばん時間がかかる子で, 3分でできるようになりました。
　　トップレベルの子は, 1分20秒くらいです。
　　圧倒的なスピードです。

　　やる氣は, 波及します。
　　現在, 4年生の「漢字一覧表」に取り組んでいます。
　　まだ2回目ですが, かなりの部首を覚えました。
　　・やる氣
　　・上達法
　　・波及
　　いい感じで, 進んでいます。

　　覚える力も, ついてきています。
　　「考える」が主流の教育界。
　　土台がないのに……
　　と思っています。
　　まずは, 覚えることが大切ではないでしょうか。
　　「考える」もいいけど, 「暗記」もね！

## 発言

　　「ごんぎつね」（新美南吉）の題名について, 発言させます。
　　題名について, 1人1回発言します。

　　最初の一文「これは, わたしが小さいときに, 村の茂平というおじいさんから聞いたお話です」について
　　・「これは」の「これ」について
　　・「わたしが小さいときに」について
　　一文解釈で, さらに細かく見ていきます。
　　・「村の茂平というおじいさん」について
　　・「おじいさんから聞いたお話」について
　　次の一文「昔は, わたしたちの村の近くの中山という所に, 小さなおしろがあって, 中山様というおとの様がおられたそうです」について
　　・「昔は」
　　・「中山」
　　・「小さなおしろ」
　　・「中山様というおとの様」
　　・「おられたそうです」

　　1つにつき, 最低1人1回発言します。

## 説明

　算数の教科書の問題を読みます。
「問題を読みましょう」
　全員で問題文を読みます。
　すべての教科で，教科書を音読させます。
　その後，全員で解き方を説明します。
「今日はウからです」
「ウの問題を読みましょう」
(全員)「9分の5わる5分の4」
「これは，分数のわり算ですね」
「アとイは分数のかけ算でしたね」
「分数のかけ算は，どうやりましたか」
「かけ算の場合，分母は分母，分子は分子同士をかけます」
「では，分数のわり算はどうやりますか」
「逆数をかけます」
「逆数は，4分の5だから」
「ちょっと待って。逆数がわからない人もいるじゃないですか」
「逆数というのは，どういうことですか」
「逆数というのは，かけると1になる数です」
「この場合，5分の4に何かをかけます。答えが1になるのが逆数です」
「逆数にするためには，分母と分子を入れ替えます」
「分母が5，分子が4ですから，入れ替えると4分の5になります」
「4分の5をかければいいんです」
「式は，9分の5かける4分の5になります」
「分母は，9かける4で36になります」
「分子はどうですか」
「分子は，5かける5で25になります」
「答えは，36分の25になります」
「いいですか」
「問題は『積や商が9分の5より小さくなる式』を選ぶんだから，この2つを比べます」
「どちらが小さいですか」
「これは，この前やったのとちがって，分子が同じではありませんね」
「分子が同じときは，どうでしたか」
「分子が同じときは，分母が小さい方が大きかったですね」
「この場合は，分母も分子もちがいます」
「どうしたらいいですか」
「通分して，分母をそろえます」
「分母をそろえるにはどうしたらいいですか」
「最小公倍数を見つければいいと思います」　〔以下，略〕

## ユニットの選び方

基本的に,「やってみたい」と思ったユニットから入ってください。
どのユニットも,実践済み。
効果があります。
わずかな時間でけっこうです。
5分くらいがいいと思います。
本格的に取り組みたい方は,「読み・書き・計算」から,1つずつ選びます。

### 読み

音読。
ユニット集を参考に,授業をしてみましょう。
最初は,1文でよいのです。
全員で読む,班で読む,1人ずつ読むなど,形態を変えて読ませましょう。

### 書き

「漢字探し」から入るのがいいでしょう。
5分間時間を取ります。
探した漢字を書かせます。
毎日続けると,どんどん見つける漢字の数が増えていきます。
それに伴い,漢字を書く数も増えていきます。
発見があるのがおもしろいです。

### 計算

10マス計算に取り組みましょう。
3年生以上なら,かけ算から入るのがおすすめです。
簡単そうに見えますが……速くやると難しくなります。
10秒が制限時間です。
10題できなくてもいいのです。
少しずつできる数を増やしていきましょう。

ある程度できるようになったら,ユニットをつなげましょう。
すぐ次のユニットに移れるように,準備をしておきます。
音読(国語の教科書),書き(漢字探しの答えを書く紙),計算(10マス計算用紙)。
1つのユニットが終わったら,「漢字探しをします」「はい」。
「よーい,ドン」とすぐに次のユニットを始めてください。
間をあけないことがコツです。

## ○ユニット一覧

### 計算ユニット

　①10マスたし算
　②10マスひき算に入る前に
　③10マスひき算
　④10マスかけ算
　⑤穴あき九九
　⑥なんのこれ式！
　⑦10題わり算
　⑧あまりのある10題わり算
　⑨混合計算
　⑩高速トランプ計算
　⑪パワーアップ10マスかけ算

### 漢字ユニット

　①新出漢字読み
　②いろいろな読み方「生」
　③いろいろな読み方「雨」
　④対義語
　⑤同音異義語
　⑥四字熟語
　⑦部首
　⑧かんじのちがい
　⑨数え方
　⑩一生県名
　⑪漢字リピート
　⑫漢字探し
　⑬くりかえし漢字プリント

### 音読ユニット

　①おすすめ教材1年
　②おすすめ教材2年
　③おすすめ教材3年
　④おすすめ教材4年
　⑤おすすめ教材5年
　⑥おすすめ教材6年

# 役立つアイテム・フラッシュカード

フラッシュカードは，計算，漢字などいろいろな学習に使えます。
リズム・テンポ，スピード，さっと反応する力などがつきます。
手軽で，効果的です。

## つくり方

**計算フラッシュカード**

0～9まで，カード1枚に1つの数字を書きます。

厚紙でB5判くらいの大きさ，10枚。

**漢字フラッシュカード**

新出漢字，四字熟語，部首などを書きます。
うらに，読み方を書きます。

## めくり方

2通りあります。
・前からめくる→おもてのカードを後ろにもっていく。
・後ろからめくる→後ろのカードを前に出す。
リズミカルにテンポよくめくるのは，けっこう難しいと思います。
練習してくださいね。

## フラッシュカードの使い方

フラッシュカード（0～9の数字を書いたカード）を用意します。
まず0を見せます。

教師　　　　　　「いっしょに，読んでみましょう」
教師と子ども「0」
教師　　　　　　「声が小さいよ。もう一度」
教師と子ども「0」
教師　　　　　　「みんなの声をそろえましょう」
　声がそろうまで，数回かかるかもしれません。
　1から順番にカードを提示していきます。
子ども「1」
子ども「2」
子ども「3」

　　　　ここで，8のカードを出します。
子ども「4」
　　　　反応さまざま。
「まちがえなかった」
「まちがえちゃった」
「……」
「今『4』と言った人，とてもいいです。1, 2, 3ときたから，次は『4』と予想したんですね。予想は，とっても大切なことです」
　　　　ひと通りやったら，カードをシャッフルします。
　　　　次は1から順番ではありません。
　　　　子どもだけで答えさせます。
　　　　テンポよくカードをめくってください。
　　　　大きな声でそろうまでくりかえします。
　　　　声をそろえるだけでも，けっこう大変です。
　　　　できるようになったら，+1に進みます。
「+1になる数を言いましょう」
　　　　たとえば2のカードを出したら，「3」と答えるのです。
　　　　最初はうまくいきません。
　　　　どうしても，出された数字を答えてしまいます。
　　　　慣れるまで，練習させましょう。
　　　　+2になると，難しくなります。
　　　　声がそろわなくなります。
「いいんですよ，今はできなくても。練習すれば，+2も簡単になります」

## 2回目

　　　　フラッシュカードの数字を読ませます。
　　　　今日は，一瞬しか見せません。
　　　　見ていない子は，答えられません
　　　　動体視力のトレーニングにもなります。
　　　　同様に，+1, +2を行います。
　　　　声を出す，声をそろえる（息をそろえる）ことができるようになります。
　　　　瞬間的に反応する力がつきます。

## 役立つアイテム・カルタ

カルタは，楽しみながら計算力や漢字力を伸ばすことができます。
個人でもグループでもできます。応用自在です。

### 計算カルタ

0～20までの数字を書いたカードをつくります（画用紙か厚紙）。

| 0 | 1 | 2 | 3 | ～ | 20 |

全部で21枚です。トランプくらいの大きさがいいでしょう。

#### 個人で

机の上に，カードを並べます。きちんと並べてもランダムでもかまいません。
教師が問題を出します。
「3たす5」
子どもは，8のカードを取ります。
カードを取ったら「はい」と大きな声を出します。
取ったカードを持って手をあげます。
取ったカードは，元の位置に戻します。
たし算でも，ひき算でもできます。

#### グループで

4人グループでカルタ取りをします。

### 漢字カルタ

漢字フラッシュカードは，カルタにも使えます。
教師と同じものをつくらせます（班ごとに）。
トランプくらいの大きさがいいでしょう。
まずは，20枚くらいから始めましょう。
読み札の分もつくるので，2セットつくってください。
ちょっとした時間，グループで学習します。
ルールは，カルタ取りと同じです。
誰かが問題を出し，残りの子が札を取るのです。たくさん取った方が勝ちです。

### 時間活用

朝自習の時間，ウオーミングアップに最適です。
楽しみながら，グループ学習（カルタ取り）ができます。
給食の時間も使えます。配膳の時間，食べ終わってからの時間を活用します。
2～3分くらいで終わります。もちろん，1人でもできます。
子どもたちが大好きなカルタをやってみませんか。

# [2]

## 計算ユニット集

# 10マス計算をはじめましょう

　100マス計算は，有効なアイテムです。しかし，やるのに時間がかかります。苦手な子にとっては，負担が大きいのです。まずは，だれでも取り組める10マス計算からスタートしましょう。

| | |
|---|---|
| **10マス計算の特長** | ・短時間でできる（1列10秒）。<br>・練習した結果がすぐに出る。<br>・上達が目に見える。<br>・毎日継続できる。簡単。<br>・上達のシステムが確立している。 |
| **ポイント** | ・毎日やる。<br>・タイムを計る。<br>・練習法どおりにやる。<br>・1年生レベルからスタートする。<br>・リズミカルにテンポよく。 |
| **効果** | ・やる氣（意識）が出る。<br>・集中力が高まる。<br>・学習能力（学習のポイント，学習する意味，学習の方法，上達の筋道）がわかる。 |
| **ステップ** | 10マスたし算➡10マスひき算➡10マスかけ算➡穴あき九九➡なんのこれ式！➡10題わり算➡あまりのある10題わり算 |
| **段階** | 【第1段階】題数　何題できたか。<br>【第2段階】秒数　何秒でできたか。<br>【第3段階】連続　順番にやる。ランダムにやる。 |
| **制限時間** | それぞれ，10秒。実態に応じて，少し変えましょう。<br>ただし，20秒以上にするとだれる危険性が大きいです。<br>1秒ずつ制限時間を縮めていきます。<br>速い子は5秒以内でできるようになります。 |
| **10マス計算プリント** | 　次のページのようなプリントを用意します。マス目は，1cm方眼くらいがいいでしょう。B4判，10列つくります。<br>　表裏，同じ問題を印刷します。0～9の数字をアトランダムに並べます。<br>　問題は列によって変えてください。<br>　このプリントはたし算だけでなく，ひき算，かけ算にも使えます。<br>　10マス計算をクリアしたら，100マス計算に進みます。<br>　100マス計算も短時間でマスターできることでしょう。 |

## 10マス計算プリント

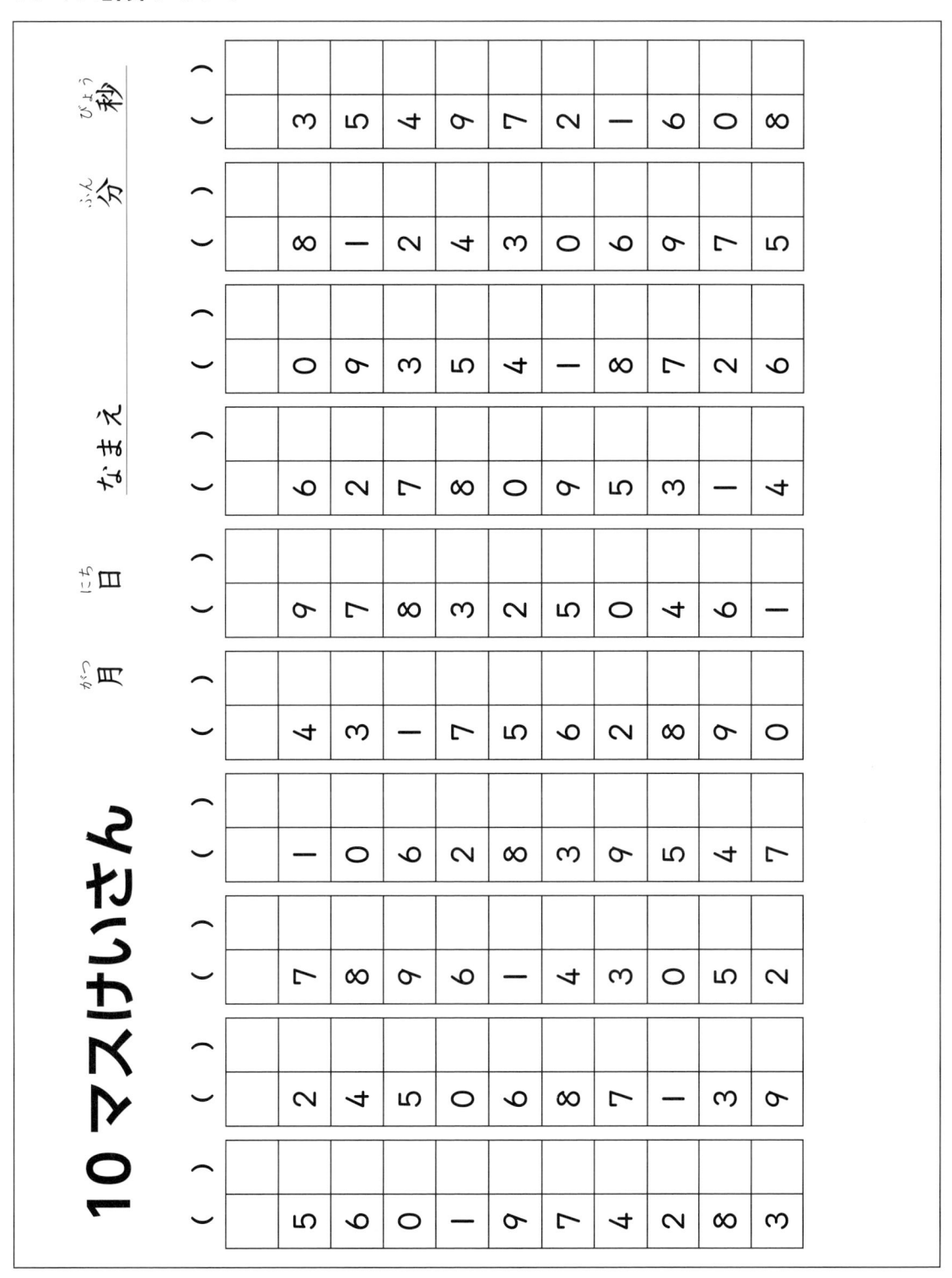

# 10マスけいさん

かつ  にち
月　日　　なまえ　　　ふん　びょう
　　　　　　　　　　分　　秒

| ( ) | ( ) | ( ) | ( ) | ( ) | ( ) | ( ) | ( ) | ( ) | ( ) |
|---|---|---|---|---|---|---|---|---|---|
| 5 | 2 | 7 | 1 | 4 | 9 | 6 | 0 | 8 | 3 |
| 6 | 4 | 8 | 0 | 3 | 7 | 2 | 9 | 1 | 5 |
| 0 | 5 | 9 | 6 | 1 | 8 | 7 | 3 | 2 | 4 |
| 1 | 0 | 6 | 2 | 7 | 3 | 8 | 5 | 4 | 9 |
| 9 | 6 | 1 | 8 | 5 | 2 | 0 | 4 | 3 | 7 |
| 7 | 8 | 4 | 3 | 6 | 5 | 9 | 1 | 2 | 0 |
| 4 | 7 | 3 | 2 | 0 | 9 | 5 | 8 | 6 | 1 |
| 2 | 1 | 0 | 5 | 4 | 3 | 6 | 7 | 9 | 8 |
| 8 | 3 | 5 | 6 | 2 | 1 | 4 | 0 | 7 | 9 |
| 3 | 9 | 2 | 7 | 8 | 4 | 1 | 5 | 0 | 6 |

## 計算1　10マスたし算

> それでは，10マス計算を始めましょう。
> まずは，たし算です。

### やり方

左のいちばん上のマスに，+の記号を書かせます。

（　）秒

| | |
|---|---|
| + | 1 |
| 3 | 4 |
| 5 | 6 |
| 9 | 10 |
| 4 | |
| 0 | |
| 8 | |
| 1 | |
| 7 | |
| 2 | |
| 6 | |

← はじめに教師が「1をたします」と言い，1を記入させます。
← 3+1なので，4と書きます。
← 5+1なので，6と書きます。
← 9+1なので，10と書きます。

以下同じようにやっていきます。

1列（10題）10秒でできたら合格です。
① 「よーい，ドン」と言って始めます。教師は，タイムを計ります。
② 「1, 2, 3」とカウントします（数えない方法もあります）。
③ 子どもは，計算をして答えを記入します。
④ できたら「はい」と言わせます。
⑤ タイムを（　）に書かせます。
10秒切れない子は，何題できたか書かせます。

1回目は，実態調査です。どれくらいできるか，調べてみましょう。

**順序**

次の順でやっていきます。

$+0 \to +1 \to +2 \to +3 \to +4 \to +5 \to +6 \to +7 \to +8 \to +9$

全部10秒でできる子は，少ないと思います。
次からは練習です。まずは，0だけをやります。
ここでは，書くコツを覚えさせます。
全員が10秒切れたら1に進みます。
以下同じように，2→9と進みます。
9は計算のコツをつかめば速くできます。

制限タイムは，実態に応じて変えましょう。
ただし，20秒以上にするとだれるので要注意です。
待ち時間が長いと集中力が切れてしまいます。
長くても20秒くらいがいいでしょう。
1年生は，この限りではありません。

毎日，5～10分，B4判1枚（10マス10列）を継続してやっていきます。
初期の段階では，じっくりやります。
+0，+1，+2，+9あたりは時間をかけます。
「簡単すぎる」というくらいまで，やりましょう。
実力がついてくると，加速してきます。
1年かけてやるつもりなら，ゆとりをもってできます。
ここで，計算のコツをつかませます。
「わたしはできる」という自信をもたせることが大切です。

**たし算のコツ**

$\boxed{+0}$
左側の数字をそのまま写します。1回ごとに見ないで，問題を覚えておきます。

$\boxed{+9}$
9に1をたすと10になります。くり上がらないのは，0だけです。
ですから，まず十の位に1を書きます。次に一の位に1つ少ない数を書きます。
たとえば，8（+9）だったら，7と書きます。

# 計算2　10マスひき算に入る前に

**フラッシュカードで10になる組み合わせを覚えさせます。**

### 用意するもの

フラッシュカードを10枚用意します。

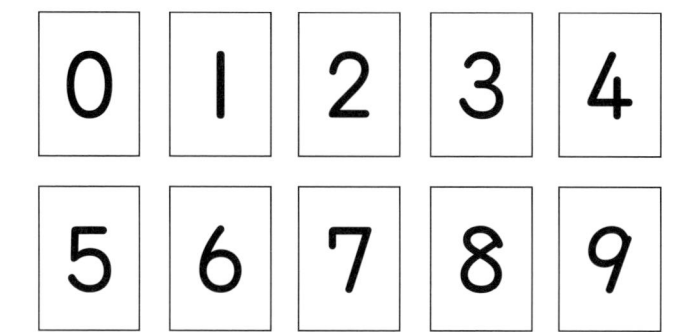

| 0 | 1 | 2 | 3 | 4 |
| 5 | 6 | 7 | 8 | 9 |

### やり方

ランダムにカードを出します。
8のカードを出します。

**8**

子ども「8と2で10」
　と答えさせます。
　もちろん，即答できなければダメです。
　即答できないものをピックアップし，練習させます。
　ある程度できるようになったら，答えだけを言わせます。
　8のカードを出します。
子ども「2」
　なかなかできない子の場合，次のようにしてください。
　4のカードを出します。
教　師「4と6で10」
子ども「4と6で10」
　3のカードを出します。
教　師「3と7で10」
子ども「3と7で10」
　このように，復唱させるのです。
　このようにして，すべて即答できるようになるまで練習させます。
　何日かかってもかまいません。
　10－は，じっくりやってください。

| 1年 | 2年 | 3年 | 4年 | 5年 | 6年 | ⏱ 5分 |

次のように書いて覚えるといいでしょう。

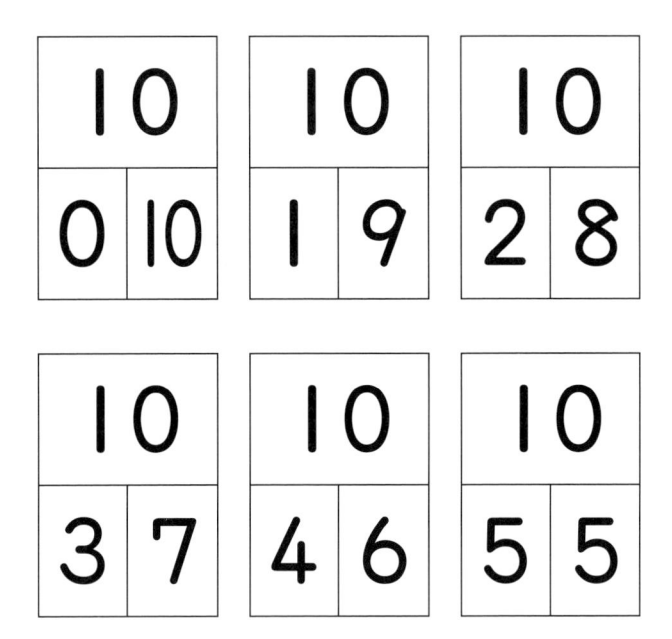

|   10   |   10   |   10   |
| :----: | :----: | :----: |
| 0 \| 10 | 1 \| 9 | 2 \| 8 |

|   10   |   10   |   10   |
| :----: | :----: | :----: |
| 3 \| 7 | 4 \| 6 | 5 \| 5 |

10になる組み合わせを覚えさせましょう。

10を隠します。
教　師「2と8で」
子ども「10」

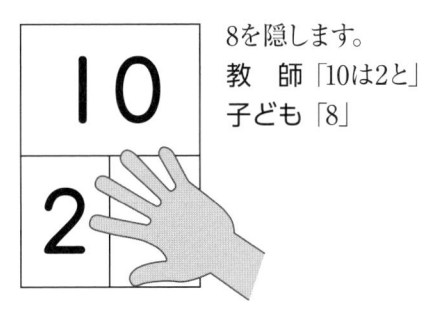

（2 8 のカードの上の10を手で隠している図）

8を隠します。
教　師「10は2と」
子ども「8」

（10 と 2 のカードで8を手で隠している図）

必ず，声を出させてください。黙ってやると，確実に失敗します。
声を出すことは，重要です。
組み合わせを覚えれば，10－は，簡単にできるようになります。
できるようになったら，10マスひき算に入ります。

[2] 計算ユニット集

| 計算3 | # 10マスひき算 |

ひき算は，たし算に比べ格段に難しく見えますが，コツがわかると簡単です。
また，10マスたし算をクリアしていますので，子どもは，ある程度自信があります。

## やり方

ひき算の場合，問題を次のようにします。
－のとなりには10～19を入れていきます。たとえば，11を入れると次のようになります。

（　）秒

左のいちばん上のマスに，－の記号を書かせます。

| － | 11 | ← 11－なので，11と書きます。 |
|---|---|---|
| 3 | 8 | ← 11－3なので，8と書きます。 |
| 5 | 6 | ← 11－5なので，6と書きます。 |
| 9 | | 以下同じようにやっていきます。 |
| 4 | | |
| 0 | | |
| 8 | | |
| 1 | | |
| 7 | | |
| 2 | | |
| 6 | | |

たし算で学んだ練習方法，コツを使わせましょう。
「たし算ができたんだから，ひき算もできますよ」
「1面クリアして，次は2面だよ」
アドベンチャーゲームののりでやってもいいです。
・自信→「できる」と思ってやる。
・練習法，コツ→ひき算に応用する。
これが，ひき算の課題です。うまくいくと，短期間でマスターできます。
たし算のマスターに2カ月かかった子が，ひき算は，3週間でマスターした例もあります。
まずは，10－（10ひく）です。すぐできるようになるまで，徹底的にくりかえします。

**1年 2年 3年 4年 5年 6年　5分**

| ひき算の<br>コツ | 何と何で10になるか，組み合わせを覚えさせます。 |
|---|---|
| | 0と10, 10と0<br>1と9, 9と1<br>2と8, 8と2<br>3と7, 7と3<br>4と6, 6と4<br>5と5<br>全部で11あります。 | 10になる組み合わせを覚えさせます。<br>　覚えるのは半分でいいのです。1と9を覚えるとき，9と1を覚えるように言います。<br>「覚えるのは，半分でいいんですよ」<br>　できない子は，11全部覚えようとします。<br>「えーっ，こんなにたくさん覚えるの」などと，最初からやる気をなくしてしまいます。半分となると，「覚えられそう」と意識が変わります。 |

**11−**

| | |
|---|---|
| 11と0 (0と11)<br>1と10 (10と1)<br>2と9 (9と2)<br>3と8 (8と3)<br>4と7 (7と4)<br>5と6 (6と5) | 11−が1つの壁です。<br>　じっくり取り組ませてください。<br>　10−はできても，11−はできない子がけっこういます。覚える組み合わせは12あります。<br>　反対も同時に覚えれば，6で済みます。<br>　フラッシュカードを使い，組み合わせを覚えさせましょう。やり方は，10−のときと同じです。 |

**12−**

| | |
|---|---|
| 0と12 (12と0)<br>1と11 (11と1)<br>2と10 (10と2)<br>3と9 (9と3)<br>4と8 (8と4)<br>5と7 (7と5)<br>6と6 | 12−も，壁の1つです。<br>　組み合わせの感覚が身についていないと，できません。<br>　感覚づくりのためにじっくりやりましょう。<br>　できないところ，苦手なところはカードにして覚えましょう。 |

　12−までできたら，ちょっと足踏みします（3歩進んで2歩下がる）。
ここが，慣れるポイントです。
10−，11−，12−を，くりかえしやらせます。
けっこうできるようになっています。子どもは自信をもってやるでしょう。
・8秒以内でできるまで，くりかえしやらせます。
・10−，10−，10−（同様に，11−，12−も）の連続。
・2列連続・20秒制限，3列連続・30秒制限
・10−，11−，12−の連続・30秒制限
・逆（12−，11−，10−の連続）
12−ができるようになると，感覚もある程度身についてきています。
ひき算の学習法もわかってきます。
以下（13−〜19−まで）同じようにやっていきます。

## 計算4　10マスかけ算

10マスかけ算を始めましょう。
1列（10題）10秒でできたら合格です。

### やり方

左のいちばん上のマスに×の記号を書かせます。

( )秒

| × | 5 |
|---|---|
| 3 | 15 |
| 5 | 25 |
| 9 | 45 |
| 4 | |
| 0 | |
| 8 | |
| 1 | |
| 7 | |
| 2 | |
| 6 | |

← 5×なので、5と書きます。
← 5×3なので、15と書きます。
← 5×5なので、25と書きます。
← 5×9なので、45と書きます。

以下同じようにやっていきます。

### 順序

次の順でやっていきます。
×0 → ×1 → ×2 → ×5 → ×3 → ×4 → ×6 → ×7 → ×8 → ×9

### 0の段

　　0の段から始めます。かけ算の意味を復習させます。
　教　師「カエルにおへそはありません。カエル2匹、おへそは何個？」
　子ども「0個」
　0×□は、すべて0になることをおさえてください。
　できたら5秒以内でやらせてください。遅くとも8秒切らせましょう。
　8秒切れない子は、ハンドスピードが不足しています。
　教師が手を持って、いっしょに書くといいでしょう。

## 1の段

簡単ですが，10秒切れない子もいます。いちいち，問題を見ているのです。これでは，速くなりません。コツを教えましょう。

教　師「人間のおへそは1つ。2人では，おへそはいくつ？」
子ども「2つ」
教　師「人間のおへそは1つ。3人では，おへそはいくつ？」
子ども「3つ」
教　師「だから，1をかけても，かけないのと同じなんです。1の段は写せばいいのです」
子ども「かんたーん」

子どもたちは大喜びします。
「覚えておくといいよ」
問題が，0, 3, 9, 6, 8, 4, 1, 5, 2, 7だったとします。
これを，計算する前に覚えるのです。答えは，問題を見ないで書くのです。
究極の裏技です。驚くほど，集中力がつきます。

## 2の段

簡単にクリアできます。
でも，子どもによってはつまずきます。感覚ができていないのです。
できない場合は，じっくりやらせてください。明暗をわける大事な段です。

教　師「自転車の車輪は2つ。自転車2台で，車輪はいくつ？」
子ども「4つ」

など，かけ算の意味を復習させます。
フラッシュカードを使って，練習させます。
習熟の段階では，2×0, 2×1, 2×2というように順番にやってもあまり意味がありません。逆に，パッと答えが出なくなります。ランダムにやらせてください。
即答できないところは，くりかえしやらせましょう。
フラッシュカードで練習したら，10マスかけ算に入ります。
「10マスかけ算，2の段です。よーい，ドン」
終わったらほめましょう。
「2×3, 2×2, 2×1, 2×0は，パッとできたね。すごい！」
「すごく速かったよ」
即答できなかったところは，問題に印をつけさせます。
即答できないところは，フラッシュカードに戻って練習させます。
覚えるとき，逆も覚えるとあとあと楽になります。2×4を覚えるとき，4×2も覚えるのです。2×5と5×2をペアで覚えるのです。5の段をやるときに役立ちます。
5の段以降も，同じようにやっていきます。
子どもたちが苦戦するのが，6, 7, 8の段です。ただし，前述したように「逆もいっしょに覚えておく」とスムーズにいく可能性が高いです。8の段の場合，8×8, 8×9だけを覚えればいいのですから。

# 計算5　穴あき九九

　　10マスかけ算をやると，かなり速く計算できるようになります。
　　子どもたちも自信をもってきます。
　　しかし，ちょっと変化させると，とたんにできなくなります。
　　穴あき九九です。
　　4×9はできても，4×（　）＝36は即答できないのです。
　　穴あき九九をやらせると，かけ算の完成度が高まります。
　　より速くなります。
　　わり算への導入にもなります。
　　10マスかけ算が，全列10秒以内にできるようになったら，穴あき九九に入りましょう。

## やり方

```
7 × (　) = 35
7 × (　) = 0
7 × (　) = 14
7 × (　) = 63
7 × (　) = 21
7 × (　) = 7
7 × (　) = 56
7 × (　) = 49
7 × (　) = 42
7 × (　) = 28
```

　左のような問題をつくります。
　段ごとにつくります。
　100マス計算（かけ算）で2分を切る子も，穴あき九九は速くできません。
　たとえば，7×8は即答できても，7×（　）＝56となると即答できません。
　ちょっと角度を変えると，とたんにできなくなるのです。

　まだ完全に「できている」とはいえないのです。
　応用がきかないのです。
　できない子は，2分で20題もできません。
　100マスでは2分で100題できる子が……。
　縦には伸びているが，ひょろひょろで今にも倒れそうな感じです。

　穴あき九九に習熟すると，10マスかけ算は，より速くできるようになります。
　1列（10題）10秒以内が基本です。

# 穴あき九九

月　日　名前

1 × ( ) = 4
1 × ( ) = 9
1 × ( ) = 0
1 × ( ) = 7
1 × ( ) = 5
1 × ( ) = 1
1 × ( ) = 8
1 × ( ) = 2
1 × ( ) = 6
1 × ( ) = 3

2 × ( ) = 16
2 × ( ) = 0
2 × ( ) = 6
2 × ( ) = 2
2 × ( ) = 8
2 × ( ) = 18
2 × ( ) = 12
2 × ( ) = 4
2 × ( ) = 14
2 × ( ) = 10

5 × ( ) = 10
5 × ( ) = 35
5 × ( ) = 45
5 × ( ) = 0
5 × ( ) = 20
5 × ( ) = 30
5 × ( ) = 5
5 × ( ) = 15
5 × ( ) = 40
5 × ( ) = 25

3 × ( ) = 0
3 × ( ) = 9
3 × ( ) = 15
3 × ( ) = 6
3 × ( ) = 21
3 × ( ) = 27
3 × ( ) = 3
3 × ( ) = 24
3 × ( ) = 18
3 × ( ) = 12

4 × ( ) = 4
4 × ( ) = 12
4 × ( ) = 20
4 × ( ) = 28
4 × ( ) = 36
4 × ( ) = 32
4 × ( ) = 24
4 × ( ) = 16
4 × ( ) = 8
4 × ( ) = 0

6 × ( ) = 6
6 × ( ) = 36
6 × ( ) = 24
6 × ( ) = 48
6 × ( ) = 42
6 × ( ) = 12
6 × ( ) = 54
6 × ( ) = 0
6 × ( ) = 18
6 × ( ) = 30

7 × ( ) = 35
7 × ( ) = 0
7 × ( ) = 14
7 × ( ) = 63
7 × ( ) = 21
7 × ( ) = 7
7 × ( ) = 56
7 × ( ) = 49
7 × ( ) = 42
7 × ( ) = 28

8 × ( ) = 48
8 × ( ) = 64
8 × ( ) = 56
8 × ( ) = 16
8 × ( ) = 32
8 × ( ) = 0
8 × ( ) = 72
8 × ( ) = 40
8 × ( ) = 8
8 × ( ) = 24

9 × ( ) = 27
9 × ( ) = 45
9 × ( ) = 0
9 × ( ) = 63
9 × ( ) = 36
9 × ( ) = 72
9 × ( ) = 81
9 × ( ) = 54
9 × ( ) = 9
9 × ( ) = 18

# 計算6　なんのこれ式！

　10マスかけ算，穴あき九九とステップを踏んできました。
　4×6は24と答えられます。4×（　）＝24も答えられるようになりました。
　しかし，「24になる九九を言いましょう」と言われると，即答できません。
　「24は，3×8，8×3，4×6，6×4」というように答えます。
　つまり，九九の構成をマスターさせるのです。

## やり方

このように書かせるのです。

| 24 | | | | |

↓

| 24 | 3×8 | 8×3 | 4×6 | 6×4 |

最初は，なかなか思い出せません。
普段と思考が逆になるからです。
まずは，プリントに九九を記入し構成を覚えるといいでしょう。

「なんのこれ式！」には，2つのバージョンがあります。
まずは，順番どおりです。
九九の答えが，小さい順に並んでいます。
「1，2，3，4，5～72，81」
覚えたら，時間を計り，プリントに書いていきます。
制限時間は，3分です。
はじめは，5分くらいからでもけっこうです。
できるようになってきたら，2分をめざしましょう。
順番どおりにできるようになったら，アトランダムに挑戦です。
バラバラになっている分，難しくなります。
同様に，5分から始めましょう。
できるようになったら，制限時間を短くしていきます。
これができるようになると，3年生で学習するわり算は楽にマスターできます。

[1年] [2年] [3年] [4年] [5年] [6年]  ⏱ 5分

なんのこれ式！プリント

# なんのこれ式！

月　　日　　分　　秒　　名前 _____

| 答え | 式1 | 式2 | 式3 | 式4 |
|---|---|---|---|---|
| 1 | × | | | |
| 2 | × | × | | |
| 3 | × | × | | |
| 4 | × | × | × | |
| 5 | × | × | | |
| 6 | × | × | × | × |
| 7 | × | × | | |
| 8 | × | × | × | × |
| 9 | × | × | × | |
| 10 | × | × | | |
| 12 | × | × | × | × |
| 14 | × | × | | |
| 15 | × | × | | |
| 16 | × | × | × | |
| 18 | × | × | × | × |
| 20 | × | × | | |
| 21 | × | × | | |
| 24 | × | × | × | × |
| 25 | × | | | |
| 27 | × | × | | |
| 28 | × | × | | |
| 30 | × | × | | |
| 32 | × | × | | |
| 35 | × | × | | |
| 36 | × | × | × | |
| 40 | × | × | | |
| 42 | × | × | | |
| 45 | × | × | | |
| 48 | × | × | | |
| 49 | × | | | |
| 54 | × | × | | |
| 56 | × | × | | |
| 63 | × | × | | |
| 64 | × | | | |
| 72 | × | × | | |
| 81 | × | | | |

## 計算7　10題わり算

> 穴あき九九ができるようになっていると，簡単にできます。
> 今までと同じように，1の段からやっていきます。

### 順序

次の順でやっていきます。

÷1 → ÷2 → ÷3 → ÷4 → ÷5 → ÷6 → ÷7 → ÷8 → ÷9

### やり方

```
28 ÷ 4 =
16 ÷ 4 =
 4 ÷ 4 =
36 ÷ 4 =
20 ÷ 4 =
32 ÷ 4 =
 8 ÷ 4 =
40 ÷ 4 =
24 ÷ 4 =
12 ÷ 4 =
```

制限時間は，10秒です。
即答できなかった問題に印をつけます。
|28÷4|=
16÷4=
 4÷4=
|36÷4|=
20÷4=
そこを覚えます。
カードに書き出してもいいでしょう。

おもて　　うら
|28÷4|　| 7 |

### ÷1

これまた，簡単です。そのまま写せばいいのですから。

### ÷2以降

まずは，慣れることです。
慣れると，感覚的にわかってきます。
答えがパッと浮かぶようになります。
できない場合は，印をつけ，カードにして覚えます。

次の方法も有効です。
たとえば，42÷7＝が即答できないとしましょう。
教　師「7かけるいくつで42になりますか」
子ども「6」
これは，即答できます。
　　42÷7＝6
逆に計算すると，かけ算になるのです。
7×□は42（つまり穴あき九九）と考えるのです。
このように教えた方が，よくわかる子もいます。

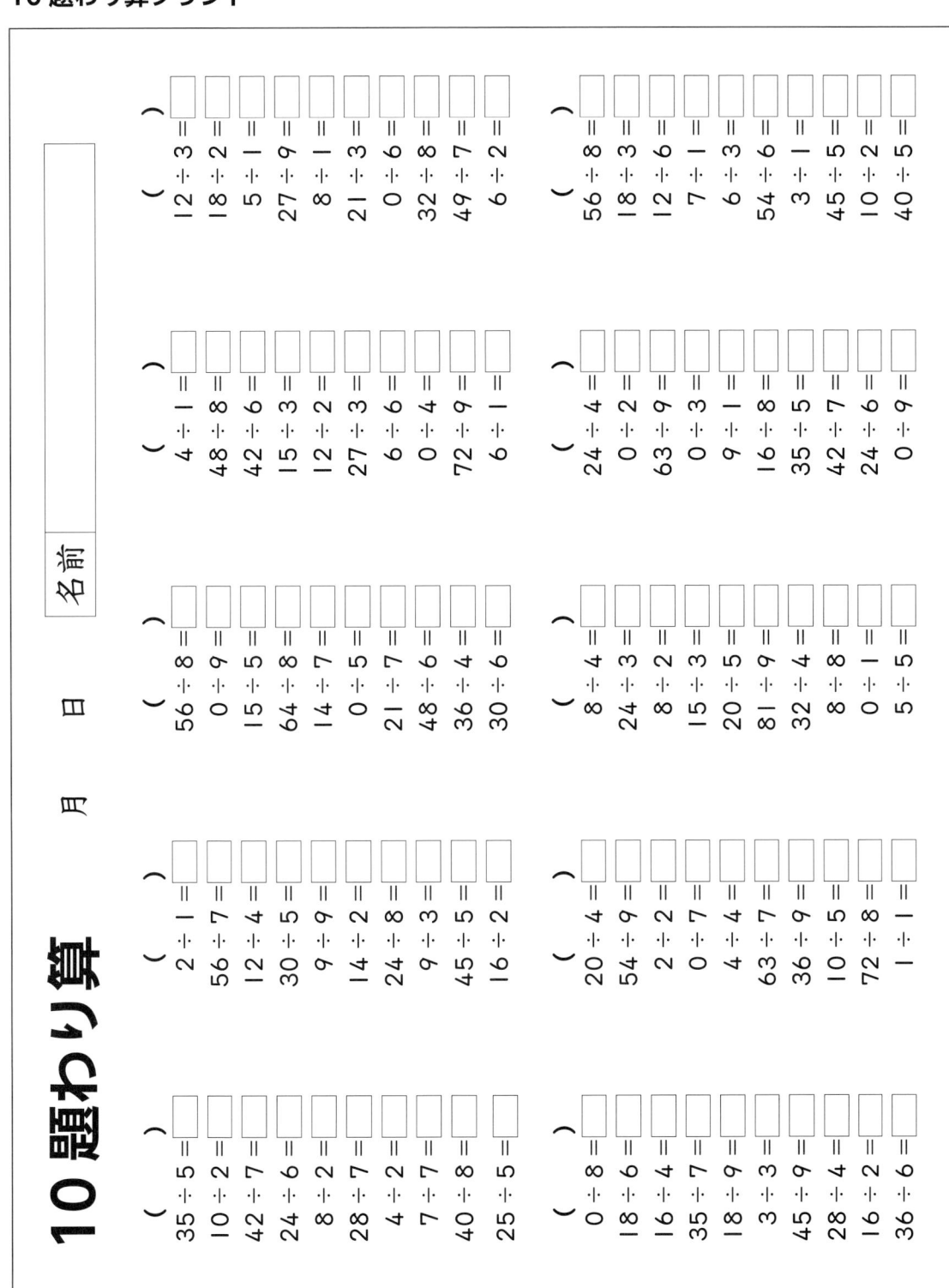

# 10題わり算プリント

## 10題わり算

| ① | ② | ③ | ④ | ⑤ | ⑥ | ⑦ | ⑧ |
|---|---|---|---|---|---|---|---|
| 35÷5= | 2÷1= | 56÷8= | 4÷1= | 12÷3= | 56÷8= | 20÷4= | 8÷4= |
| 10÷2= | 56÷7= | 0÷9= | 48÷8= | 18÷2= | 18÷3= | 54÷9= | 24÷3= |
| 42÷7= | 12÷4= | 15÷5= | 42÷6= | 5÷1= | 12÷6= | 2÷2= | 8÷2= |
| 24÷6= | 30÷5= | 64÷8= | 15÷3= | 27÷9= | 7÷1= | 0÷7= | 15÷3= |
| 8÷2= | 9÷9= | 14÷7= | 12÷2= | 8÷1= | 6÷3= | 4÷4= | 20÷5= |
| 28÷7= | 14÷2= | 0÷5= | 27÷3= | 21÷3= | 54÷6= | 63÷7= | 81÷9= |
| 4÷2= | 24÷8= | 21÷7= | 6÷6= | 0÷6= | 3÷1= | 36÷9= | 32÷4= |
| 7÷7= | 9÷3= | 48÷6= | 0÷4= | 32÷8= | 45÷5= | 10÷5= | 8÷8= |
| 40÷8= | 45÷5= | 36÷4= | 72÷9= | 49÷7= | 10÷2= | 72÷8= | 0÷1= |
| 25÷5= | 16÷2= | 30÷6= | 6÷1= | 6÷2= | 40÷5= | 1÷1= | 5÷5= |

| ⑨ | ⑩ | ⑪ | ⑫ |
|---|---|---|---|
| 0÷8= | 24÷4= | | |
| 18÷6= | 0÷2= | | |
| 16÷4= | 63÷9= | | |
| 35÷7= | 0÷3= | | |
| 18÷9= | 9÷1= | | |
| 3÷3= | 16÷8= | | |
| 45÷9= | 35÷5= | | |
| 28÷4= | 42÷7= | | |
| 16÷2= | 24÷6= | | |
| 36÷6= | 0÷9= | | |

月　日　名前

## 計算 8　あまりのある 10 題わり算

　基礎計算の最高峰, あまりのある100題わり算は, 難度が高いのです。
　しかし, 取り組むことで子どもたちの計算能力は飛躍的に高まります。
　小数, 分数などの計算の下地づくりにもなります。

### 問題のつくり方

まずは, 問題を10のブロックに分けます。
10マス計算のように, 10題ずつやらせるのです。
制限時間は10秒です。
最初は, 1, 2題しかできないかもしれません。
できない子は, 1題もできないかもしれません。
それくらい難しいのです。

| | |
|---|---|
| 39 ÷ 5 = | … |
| 14 ÷ 3 = | … |
| 11 ÷ 9 = | … |
| 73 ÷ 9 = | … |
| 26 ÷ 8 = | … |
| 16 ÷ 9 = | … |
| 62 ÷ 7 = | … |
| 71 ÷ 8 = | … |
| 10 ÷ 7 = | … |
| 11 ÷ 5 = | … |

まずは, 教師がやってみましょう。
10秒以内にできましたか?
自分がやってみると難しいことがよくわかります。
できない子どもに共感できます。
「難しいね。先生も速くできない。いっしょにがんばろう」
子どもたちは安心して取り組むことができます。

どこでつまずいているかを分析しましょう。
　・商を立てるのが遅い。
　・あまりを出すのが遅い。

最初は, 両方できない子が圧倒的に多いと思います。

### やり方

何秒でできたか書きます。
10秒でできない子は何題できたか書きます。
即答できなかった問題に印をつけます (枠で囲みます)。
その問題を何度もやり, 覚えます。
カードにして覚えるのもいいでしょう。

**あまりのある 10 題わり算プリント**

## あまりのある 10 題わり算

月　日　名前

( )
38 ÷ 7 =
22 ÷ 9 =
71 ÷ 8 =
48 ÷ 5 =
57 ÷ 9 =
33 ÷ 5 =
10 ÷ 6 =
61 ÷ 8 =
25 ÷ 3 =
13 ÷ 8 =

( )
56 ÷ 9 =
49 ÷ 8 =
21 ÷ 4 =
62 ÷ 8 =
26 ÷ 4 =
33 ÷ 9 =
77 ÷ 8 =
51 ÷ 5 =
32 ÷ 7 =
23 ÷ 4 =

( )
50 ÷ 6 =
11 ÷ 9 =
19 ÷ 2 =
30 ÷ 4 =
70 ÷ 9 =
21 ÷ 6 =
56 ÷ 6 =
23 ÷ 7 =
47 ÷ 5 =
65 ÷ 8 =

( )
41 ÷ 8 =
54 ÷ 7 =
50 ÷ 8 =
17 ÷ 2 =
12 ÷ 9 =
51 ÷ 6 =
11 ÷ 3 =
62 ÷ 7 =
29 ÷ 3 =
31 ÷ 7 =

( )
52 ÷ 8 =
11 ÷ 7 =
23 ÷ 5 =
54 ÷ 8 =
16 ÷ 9 =
60 ÷ 8 =
33 ÷ 7 =
45 ÷ 7 =
70 ÷ 8 =
10 ÷ 3 =

( )
12 ÷ 7 =
27 ÷ 6 =
52 ÷ 7 =
32 ÷ 5 =
44 ÷ 6 =
30 ÷ 7 =
10 ÷ 4 =
55 ÷ 9 =
21 ÷ 8 =
43 ÷ 6 =

( )
60 ÷ 9 =
53 ÷ 7 =
43 ÷ 7 =
20 ÷ 9 =
13 ÷ 3 =
31 ÷ 6 =
74 ÷ 8 =
62 ÷ 9 =
23 ÷ 3 =
42 ÷ 5 =

( )
10 ÷ 8 =
51 ÷ 7 =
46 ÷ 5 =
74 ÷ 9 =
31 ÷ 4 =
22 ÷ 3 =
34 ÷ 5 =
53 ÷ 8 =
13 ÷ 2 =
11 ÷ 8 =

( )
68 ÷ 9 =
24 ÷ 5 =
16 ÷ 7 =
33 ÷ 4 =
79 ÷ 8 =
71 ÷ 9 =
53 ÷ 6 =
17 ÷ 3 =
12 ÷ 8 =
27 ÷ 4 =

( )
52 ÷ 6 =
34 ÷ 7 =
73 ÷ 8 =
80 ÷ 9 =
61 ÷ 7 =
15 ÷ 2 =
11 ÷ 6 =
44 ÷ 5 =
50 ÷ 7 =
14 ÷ 3 =

## 計算9　混合計算

たし算，かけ算，ひき算，穴あき九九，わり算が速くなったら，混合計算に入ります。

単独では速くても，まぜこぜになると急にできなくなります。

ぱっぱっと頭を切りかえなければならないので，難しいのです。

混合計算に取り組むと，計算力は格段にアップします。

### やり方

```
6 + ( ) = 15
( ) − 8 = 7
5 × ( ) = 35
( ) ÷ 4 = 4
9 + ( ) = 23
( ) − 5 = 11
6 × ( ) = 42
( ) ÷ 3 = 7
5 + ( ) = 14
( ) − 2 = 8
```

左のような問題をつくります。

子どもたちにとって難しい問題です。

＋，−，×，÷が入れかわって出てくると混乱します。

頭と手の動きがずれてしまうのです。

瞬間的に頭を切りかえる必要があります。

全部で100問あります。

学級の実力に応じて方法をかえます。

・10題ずつ行う。
・1列ごとに行う。
・50題ずつ行う。
・100題全部行う。

計算しているとき，次の問題を見ないと速くできません。

「答えを書いているとき，目は次の問題を見る」

これがコツです。

10マス計算で鍛えられた子どもたちは，驚くほど熱中します。

「難しいからおもしろい」と言うのです。

2週間も練習すると，慣れてきます。

家でも練習する子は，どんどん速くなります。

速い子は，10題では4秒，1列では10秒，100題で1分切れるようになります。

目標タイム

・10題　　10秒
・1列　　 20秒
・50題　　1分
・100題　 2分

# 混合計算プリント

**混合計算**

月　日　　名前

( )
8 + 7 =
9 + 6 =
4 + 8 =
6 + 6 =
8 + 5 =
7 + 9 =
6 + 7 =
8 + 6 =
9 + 4 =
3 + 8 =

( )
11 − 7 =
13 − 6 =
16 − 8 =
14 − 5 =
12 − 4 =
11 − 3 =
17 − 9 =
15 − 7 =
14 − 9 =
13 − 8 =

( )
7 × 8 =
6 × 7 =
7 × 4 =
9 × 6 =
8 × 9 =
6 × 8 =
9 × 9 =
9 × 7 =
8 × 6 =
7 × 7 =

( )
54 ÷ 9 =
48 ÷ 8 =
28 ÷ 7 =
56 ÷ 8 =
63 ÷ 9 =
42 ÷ 6 =
72 ÷ 8 =
45 ÷ 9 =
32 ÷ 8 =
56 ÷ 8 =

( )
7 + 8 =
11 − 6 =
9 + 8 =
15 − 9 =
8 + 6 =
17 − 8 =
9 + 5 =
14 − 7 =
5 + 8 =
13 − 6 =

( )
9 × 8 =
48 ÷ 6 =
8 × 7 =
28 ÷ 7 =
6 × 9 =
56 ÷ 8 =
7 × 9 =
42 ÷ 6 =
8 × 4 =
36 ÷ 6 =

( )
28 ÷ 7 =
6 × 8 =
7 + 5 =
11 − 8 =
56 ÷ 7 =
6 × 9 =
8 + 7 =
15 − 6 =
18 ÷ 3 =
4 × 9 =

( )
8 + 7 =
72 ÷ 8 =
11 − 4 =
9 × 7 =
9 + 6 =
48 ÷ 6 =
15 − 7 =
7 × 6 =
4 + 7 =
12 − 8 =

( )
6 + ( ) = 15
( ) − 8 = 7
5 × ( ) = 35
( ) ÷ 4 = 4
9 + ( ) = 23
( ) − 5 = 11
6 × ( ) = 42
( ) ÷ 3 = 7
5 + ( ) = 14
( ) − 2 = 8

( )
( ) + 8 = 14
16 − ( ) = 7
7 × ( ) = 56
28 ÷ ( ) = 7
7 + ( ) = 13
13 − ( ) = 8
9 × ( ) = 63
42 ÷ ( ) = 7
( ) + 9 = 17
14 − ( ) = 7

## 計算 10　高速トランプ計算

『ドラゴン桜』（三田紀房, 講談社）という漫画に載っているのが, トランプ計算です。
それを, 小学生向けにアレンジしました。
手軽に楽しめます。

### やり方

トランプを用意します。
100円ショップなどで購入すれば, いいでしょう。
スペードならスペードだけを使います。
計13枚です。

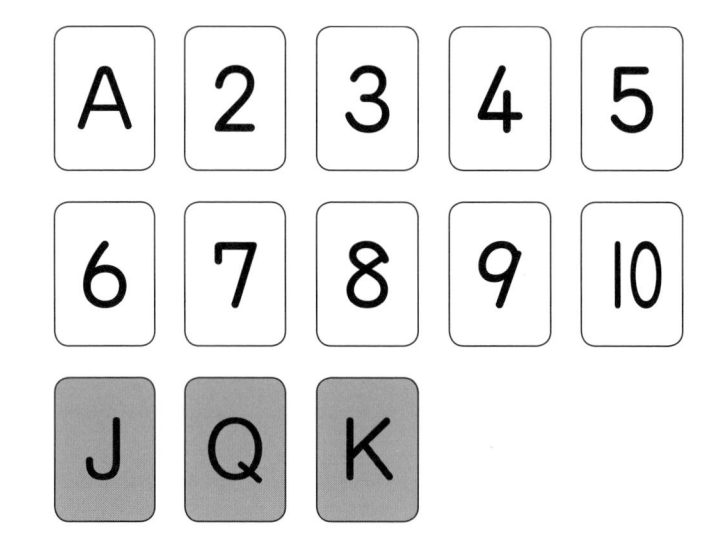

A 2 3 4 5
6 7 8 9 10
J Q K

よく切ります。
カードを1枚ずつ出していきます。
最初に4が出たとします。
そのカードの上に重ねて出します。
2が出たとします。
4+2なので,「6」と言います。
8が出たとします。
6+8なので,「14」と言います。
このように, 出た数をたしていくのです。
全部たすと91になります。

「4」　「6」　「14」

**導入**

最初は，1～5までを使います。
5枚なら簡単にできます。
できるようになったら，少しずつ枚数を増やしていきます。

出す順番を決めておくのもいいでしょう。

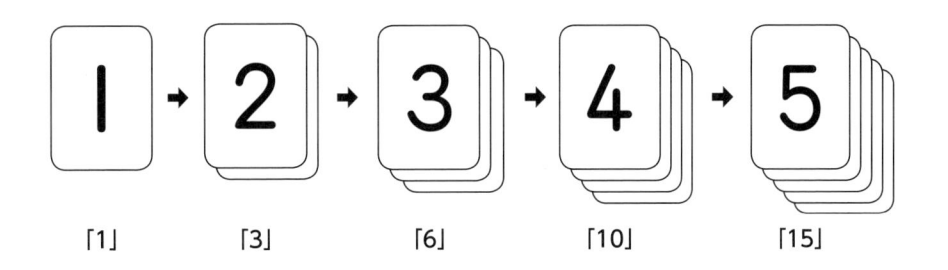

「1」　「3」　「6」　「10」　「15」

こうすると，もっと簡単になります。
できるようになったら，順番をかえればいいのです。

ある程度力がある学級は，最初から13枚でもいいでしょう。

最終的には，10秒をめざします。

## 計算 11　パワーアップ 10 マスかけ算

10マス計算が楽々できるようになったら第1段階クリア，次に進みましょう。
第2段階は，1桁×2桁の計算です。
子どもたちは「えーっ」と言いながらも，熱中します。
「よーし，やるぞ！」
難しいことに挑戦することが楽しいのです。

### 問題のつくり方

( 　 )秒

| × | |
|---|---|
| 13 | |
| 15 | |
| 19 | |
| 14 | |
| 10 | |
| 18 | |
| 11 | |
| 17 | |
| 12 | |
| 16 | |

10～19の数字をアトランダムに並べます。問題は，列によって変えてください。
基本的には，1桁の10マス計算と同じです。

### やり方

( 　 )秒

| × | 5 |
|---|---|
| 13 | 65 |
| 15 | 75 |
| 19 | 95 |
| 14 | |
| 10 | |
| 18 | |
| 11 | |
| 17 | |
| 12 | |
| 16 | |

左のいちばん上のマスに，×の記号を書かせます。

← はじめに教師が「5をかけます」と言い，5を記入させます。
← 5×13なので，65と書きます。
← 5×15なので，75と書きます。
← 5×19なので，95と書きます。

以下同じようにやっていきます。

1列 (10題) 10秒でできたら合格です。
① 「よーい, ドン」と言って始めます。教師は, タイムを計ります。
② 「1, 2, 3」とカウントします（数えない方法もあります）。
③ 子どもは, 計算をして答えを記入します。
④ できたら「はい」と言わせます。
⑤ タイムを（ ）に書かせます。
10秒切れない子は, 何題できたか書かせます。

## 順序

次の順でやっていきます。

×0 → ×1 → ×2 → ×5 → ×3 → ×4 → ×6 → ×7 → ×8 → ×9

## 0 の段

0の段から始めます。
0×□は, 2桁のかけ算でもすべて0になることをおさえてください。
ほとんどの子が, 楽々クリアします。
制限時間を短くしていきます。
最初は, 10秒です。
何回か練習したら, 9秒→8秒というように1秒ずつ短くしていきます。
5秒以下になると, 教室の空気（雰囲気）がかわります。
最後は, 1秒に挑戦させてください。
驚くほど集中します。

## 1 の段

簡単です。
「問題を見る→答えを書く」をくりかえすと, 速くできません。
答え（問題＝答え）を覚えておくといいでしょう。

## 2 の段

このへんから, 差がついてきます。
できないものに丸をつけます。
ピックアップしたものをカード化します。

おもて　　うら
2×12　　24

・カード化する。
・くりかえし練習する。
・覚える。

10秒切れるようになったら, 5の段に進みます。
以下, 同じように進めていきます。
くりかえし練習することで, 答えを覚えてしまいます。
大人から見ると難しいことを, 子どもはすらすらやってしまいます。
10マス計算で培った力がいかされているのです。

**パワーアップ 10 マスかけ算プリント**

# 10マス計算  ( 月　日 )　名前　　　合計タイム　　分　　秒

| × | 13 | 15 | 20 | 11 | 12 | 14 | 18 | 16 | 19 | 17 | (　/10) |
|---|----|----|----|----|----|----|----|----|----|----|---------|

| × | 20 | 11 | 12 | 13 | 14 | 15 | 16 | 17 | 18 | 19 | (　/10) |
|---|----|----|----|----|----|----|----|----|----|----|---------|

| × | 12 | 14 | 11 | 13 | 15 | 20 | 18 | 17 | 19 | 16 | (　/10) |
|---|----|----|----|----|----|----|----|----|----|----|---------|

| × | 11 | 20 | 15 | 14 | 12 | 13 | 16 | 18 | 19 | 17 | (　/10) |
|---|----|----|----|----|----|----|----|----|----|----|---------|

| × | 14 | 12 | 13 | 20 | 11 | 15 | 19 | 16 | 17 | 18 | (　/10) |
|---|----|----|----|----|----|----|----|----|----|----|---------|

| × | 15 | 13 | 14 | 12 | 20 | 11 | 17 | 19 | 18 | 16 | (　/10) |
|---|----|----|----|----|----|----|----|----|----|----|---------|

| × | 13 | 11 | 20 | 15 | 12 | 14 | 16 | 18 | 17 | 19 | (　/10) |
|---|----|----|----|----|----|----|----|----|----|----|---------|

| × | 20 | 14 | 13 | 11 | 15 | 12 | 17 | 19 | 16 | 18 | (　/10) |
|---|----|----|----|----|----|----|----|----|----|----|---------|

| × | 11 | 15 | 12 | 13 | 20 | 14 | 19 | 16 | 17 | 18 | (　/10) |
|---|----|----|----|----|----|----|----|----|----|----|---------|

| × | 12 | 20 | 11 | 14 | 13 | 15 | 18 | 17 | 19 | 16 | (　/10) |
|---|----|----|----|----|----|----|----|----|----|----|---------|

# [3]

## 漢字ユニット集

## 漢字 1　新出漢字の読み

> 新出漢字の読みを教えます。
> 毎回1〜2分行います。
> 最初は，5枚くらいがいいでしょう。

### カードのつくり方

漢字を書きます。
〈例〉4年「一つの花」

**おもて**

| 戦争 | 飛行機 | 配給 | ご飯 | 覚える |

読み方を書きます。
傍線の部分は，色を変えます。赤など，目立つ色がいいでしょう。

**うら**

| せんそう | ひこうき | はいきゅう | ごはん | おぼえる |

### ステップ【1】

カードを見せながら言います。

戦争

教　師「せんそう」
子ども「せんそう」
　カードを変えて，見せながら言います。

飛行機

教　師「ひこうき」
子ども「ひこうき」
　このように，復唱させます。

1年 2年 3年 4年 5年 6年  2分

## ステップ【2】

できるようになってきたら，いきなり言わせます。
カードを提示します。

| 戦争 |

子ども「せんそう」
　カードを変えていきます。

| 飛行機 |

子ども「ひこうき」

| 配給 |

子ども「はいきゅう」

| ご飯 |

子ども「ごはん」

| 覚える |

子ども「おぼえる」

　まちがえたとき，カードのうらを見せます。
　毎日カードを1枚ずつ増やしていきます。
　1週間で，10枚くらいが目安です。

# 漢字 2　いろいろな読み方「生」

カードは新出漢字以外にもいろいろ応用できます。
読みのおもしろさを教えるには，「生」が最適です。

### カードのつくり方

うらの傍線の部分は，色を変えます。
赤など，目立つ色がいいでしょう。

おもて　　うら

| 生まれる | うまれる |

### ステップ【1】

カードを見せながら言います。

| 生まれる |

教　師　「うまれる」
子ども　「うまれる」
　このように，復唱させます。

### ステップ【2】

できるようになってきたら，いきなり言わせます。
カードを提示します。

| 生まれる |

子ども　「うまれる」

まちがえたとき，カードのうらを見せます。

〈例〉

おもて: 生きる / 先生 / 誕生 / 生ビール / 生える

うら: いきる / せんせい / たんじょう / なまびーる / はえる

おもて: 生い立ち / 生滅 / 生花 / 生糸 / 芝生

うら: おいたち / しょうめつ / いけばな / きいと / しばふ

# 漢字3　いろいろな読み方「雨」

「生」の次は、「雨」です。
「雨」も、いろいろな読み方があります。

## カードのつくり方

漢字を書きます。
おもて

| 雨 | 雨降り | 雨傘 | 雨宿り | 大雨 |

読み方を書きます。
うら

| あめ | あめふり | あまがさ | あまやどり | おおあめ |

## ステップ【1】

カードを見せながら言います。

雨

教　師「あめ」
子ども「あめ」

雨降り

教　師「あめふり」
子ども「あめふり」
　このように、復唱させます。

## ステップ【2】

| 1年 | 2年 | **3年** | **4年** | **5年** | **6年** | **5分** |

できるようになってきたら，いきなり言わせます。
カードを提示します。まちがえたとき，カードのうらを見せます。

| 雨 |

子ども「あめ」

| 雨降り |

子ども「あめふり」

〈例〉

おもて

| 小雨 | 霧雨 | こばん鮫 | 雨天 | 雨量 |

うら

| こさめ | きりさめ | はずし技です。 | うてん | うりょう |

おもて

| 風雨 | 降雨 | 時雨 | 梅雨 | 五月雨 |

うら

| ふうう | こうう | しぐれ | つゆ | さみだれ |

# 漢字 4　対義語

**対義語も，カードで学習させましょう。**

### カードの
### つくり方

言葉を書きます。
おもて

┌─────┐
│     │
│  男  │
│     │
└─────┘

対義語を書きます。
うら

┌─────┐
│     │
│  女  │
│     │
└─────┘

### やり方

男のカードを見せます。

┌─────┐
│  男  │
└─────┘

子ども「おんな」
　　または「男，女」と言ってもいいです。
　　カードを裏返し，女のカードを見せます。

┌─────┐
│  女  │
└─────┘

〈例〉

おもて

| 右 | 天 | 異性 | 移動 | 以内 |

うら

| 左 | 地 | 同性 | 固定 | 以外 |

おもて

| 晴天 | 賛成 | 実験 | 過去 | 健康 |

うら

| 雨天 | 反対 | 結果 | 未来 | 病気 |

奇数⇔偶数　　主語⇔述語　　原因⇔結果　　登山⇔下山
減少⇔増加　　夏至⇔冬至　　上品⇔下品　　長所⇔短所
起点⇔終点　　高地⇔低地　　個人⇔団体　　幸運⇔不運
攻撃⇔守備　　合格⇔失格　　自然⇔人工　　成功⇔失敗
公的⇔私的　　出発⇔到着　　自律⇔他律　　不易⇔流行

その他，たくさんありますね。

# 漢字5　同音異義語

漢字を書くのを面倒くさがる子には，同音異義語を教えましょう。
漢字を使う意味，有効性がわかると思います。

## カードのつくり方

言葉を書きます。
おもて

| 着る | 会う | 早い | 自身 | 以外 |

同音異義語を書きます。
うら

| 切る | 合う | 速い | 自信 | 意外 |

## ステップ【1】

カードを見せながら言います。

| 着る |

教　師「服を」
子ども「着る」

カードを裏返します。

| 切る |

教　師「紙を」
子ども「切る」

**ステップ【2】**

カードを見せながら言います。

| 自身 |

教　師「自分自身に」
子ども「自分自身に」
　カードを裏返します。

| 自信 |

教　師「自信がある」
子ども「自信がある」
　次のように板書し，ノートに書かせます。

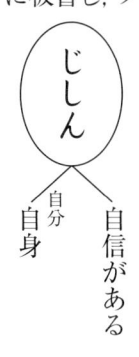

　　じしん
　　／　　＼
　自分　　自信がある
　自身

〈例〉
**おもて**

| 開く | 上げる | 生む | 送る | 下ろす |

**うら**

| 空く | 挙げる | 産む | 贈る | 降ろす |

[3]　漢字ユニット集

## 漢字 6　四字熟語

:::
カードで，四字熟語の読みをマスターさせます。
次のページの四字熟語プリントを参照にして，カードをつくってください。
3つのパターンがあります。
:::

### 四字熟語カード

**パターン1**
おもてに「大器晩成」と書きます。
うらに「たいきばんせい」と，読みを書きます。
読みは，色を変えるといいでしょう。

　おもて　　　うら
　[大器晩成]　[たいきばんせい]

**パターン2**
おもてに「大器」と書きます。
うらに「大器晩成」と書きます。
ルビを振ってもいいでしょう。

　おもて　　　うら
　[大器]　　　[大器晩成]

**パターン3**
おもてに「大器」と書きます。
うらに「晩成」と書きます。

　おもて　　　うら
　[大器]　　　[晩成]

### やり方

教師がカードのおもて・大器晩成（大器）を見せます。
子どもたちは「たいきばんせい」と答えます。
教師は，うら・たいきばんせい（大器晩成，晩成）を見せます。
次のカードのおもてを見せ，同じように進めます。

次のページのプリントを見てください。
四字熟語の下にある数字は，習う学年を表しています。

## 四字熟語プリント

四字熟語プリント（漢字・習った学年）

| | | | |
|---|---|---|---|
| 意気投合・3132 | 異口同音・6121 | 以心伝心・4242 | 一期一会・1312 |
| 一言半句・1325 | 一字一句・1115 | 一日千秋・1112 | 一念発起・1433 |
| 一部始終・1333 | 一望千里・1412 | 一挙一動・1413 | 一挙両得・1434 |
| 一国一城・1216 | 一刻千金・1611 | 一切合切・1212 | 一進一退・1315 |
| 一心同体・1222 | 一心不乱・1246 | 一世一代・1313 | 一石二鳥・1112 |
| 一朝一夕・2111 | 一長一短・1213 | 一刀両断・1235 | 意味深長・3332 |
| 因果応報・5455 | 右往左往・1515 | 海千山千・2111 | 温故知新・3522 |
| 花鳥風月・1221 | 我田引水・6121 | 完全無欠・4344 | 起死回生・3321 |
| 起承転結・3534 | 喜色満面・4243 | 牛飲馬食・2322 | 急転直下・3321 |
| 共存共栄・4644 | 玉石混交・1522 | 金科玉条・1215 | 空前絶後・1252 |
| 公明正大・2211 | 古今東西・2322 | 故事成語・5342 | 言語道断・2225 |
| 再三再四・5151 | 三寒四温・1313 | 三三五五・1111 | 三位一体・1412 |
| 自給自足・2421 | 四苦八苦・1313 | 自業自得・2324 | 十中八九・1111 |
| 四方八方・1212 | 弱肉強食・2222 | 自由自在・2325 | 十人十色・1112 |
| 上意下達・1314 | 心機一転・2413 | 針小棒大・6161 | 晴耕雨読・2512 |
| 正正堂堂・1144 | 青天白日・1111 | 絶体絶命・5253 | 千客万来・1322 |
| 千差万別・1424 | 前代未聞・2342 | 千変万化・1423 | 大器晩成・1464 |
| 大義名分・1512 | 大山鳴動・1123 | 大同小異・1216 | 多種多様・2423 |
| 他力本願・3114 | 単刀直入・4221 | 朝三暮四・2161 | 適材適所・5453 |
| 電光石火・2211 | 南船北馬・2212 | 二束三文・1411 | 日進月歩・1312 |
| 馬耳東風・2122 | 八方美人・1231 | 半死半生・2321 | 半信半疑・2426 |
| 百発百中・1311 | 品行方正・3221 | 不言実行・4233 | 平身低頭・3342 |
| 暴飲暴食・5352 | 無我夢中・4651 | 無病息災・4335 | 明鏡止水・2421 |
| 物見遊山・3131 | 門外不出・2241 | 有害無益・3445 | 有名無実・3143 |
| 油断大敵・3515 | 立身出世・1313 | 理路整然・2334 | 臨機応変・6454 |

# 漢字 7　部首

- 部首を教えます。毎回2〜3分。
- 厚紙（B5判）に部首を書きます。
- 最初は，5枚くらいがいいでしょう。
- 習った漢字の部首を書きます。
- たとえば，「さんずい」「ごんべん」「きへん」など。

## ステップ【1】

カードを見せながら言います。

　　　言

教　師「ごんべん」
子ども「ごんべん」
　カードを変えて見せながら言います。

　　　氵

教　師「さんずい」
子ども「さんずい」
　このように，復唱させます。

## ステップ【2】

　できるようになってきたら，いきなり言わせます。
　カード（ごんべん）を提示します。
子ども「ごんべん」
　カード（さんずい）を提示します。
子ども「さんずい」
　まずは，一斉にやります。
　できるようになったら，
・列ごとにやる
・班ごとにやる
・1人ずつやる
　一斉，グループ，個という順にやっていくといいでしょう。

## 部首選び

　その学年で習う漢字に使われている部首を選択。
〈例〉さんずい，ごんべん，くさかんむり，にんべんなど（1年生から有効）。
　漢字を覚えるときに役立ちます。
　ただ覚えるだけではなく，構造的に覚えられます。

1年 2年 3年 4年 5年 6年　3分

「ごんべんと五と口」（語）と覚えることができます。
部首による分類もできるようになります。

## 提示のしかた

ランダムに見せることもできますが，種類ごとに分類して提示する方法もあります。

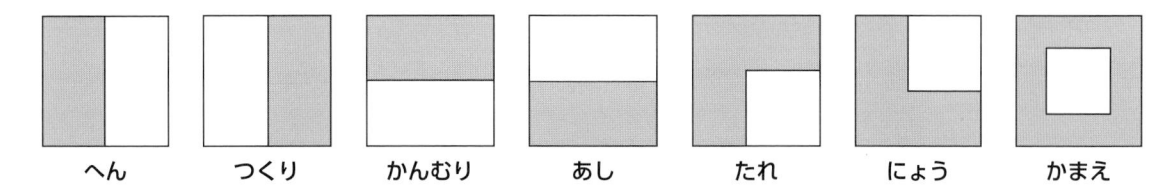

へん　つくり　かんむり　あし　たれ　にょう　かまえ

まず，上のカードを見せます。
子どもたちに言わせます。
「へん」「つくり」「かんむり」「あし」「たれ」「にょう」「かまえ」
それから，種類ごとにカードを見せます。

偏…さんずい（氵），きへん（木），ごんべん（言），にんべん（亻），
ぎょうにんべん（彳），やへん（矢），にくづき（月），おうへん（𤣩），
けものへん（犭），いとへん（糸），のぎへん（禾），しょくへん（食），
うおへん（魚）　など。

旁…りっとう（刂），ちから（力），さんづくり（彡），おおざと（阝），
おのづくり（斤），おおがい（頁），ふるとり（隹），るまた（殳），
あくび（欠），のぶん（攵），ほこづくり（戈）　など。

冠…なべぶた（亠），わかんむり（冖），うかんむり（宀），つめかんむり（爫），
くさかんむり（艹），はつがしら（癶），たけかんむり（竹），
おいがしら（耂），あめかんむり（雨），あなかんむり（穴），
あみがしら（罒）　など。

脚…こころ（心），かい（貝），ころも（衣），にじゅうあし（廾），さら（皿），
したごころ（㣺），したみず（氺），れっか・れんが（灬），とり（鳥），
はち（八），ひらび（曰）　など。

垂…まだれ（广），がんだれ（厂），やまいだれ（疒）　など。

繞…しんにょう（辶），えんにょう（廴），そうにょう（走）　など。

構…くにがまえ（囗），もんがまえ（門），はこがまえ（匚），
つつみがまえ（勹），どうがまえ（冂）　など。

## カルタ

小さなカードに部首を書きます。
グループでカルタ取りをするのもいいでしょう。

## 書きとり

1分間で，「木偏の字をいくつ書けるでしょう」など，書きとりに挑戦するのもおもしろいです。

## 漢字 8　かんじのちがい

同じ言葉でも，漢字のちがいによって意味がちがってきます。
うんとちがう場合，微妙にちがう場合など，いろいろです。
かんじのちがいを教え，子どもたちの言語感覚を磨きましょう。

### やり方

あつい

| 暑い | 厚い | 熱い | 篤い |

動きをつけるとおもしろいです。

暑い
汗を拭くまねをして，
「あっつーい」
うちわであおいで，
「あつーい」

厚い
厚い本を持って，厚さにびっくりして，
「あつい」

熱い
手をぶらぶら振って，
「あっちっち，あつい」

篤い
両手を胸の前で組んで，
「（心が）あつい」

**ほかにも**

みる

| 見る | 観る | 看る | 視る | 診る |

それぞれ、意味を教えましょう。

見る　空を「みる」

観る　テレビを「みる」

看る　子どもの様子を「みる」

視る　注目して「みる」

診る　医者に「みてもらう」

きく

| 聞く | 聴く | 訊く |

聞く　話を「きく」

聴く　しっかり話を「きく」

訊く　わからないところを「きく」

# 漢字9 　数え方

> 新出漢字以外にも，いろいろ応用できます。
> 数え方，普段無意識にやっていることを意識させることができます。
> 知的でおもしろいです。

## 匹

「ひき」「びき」「ぴき」3通りの読み方があります。

| 一匹 | 二匹 | 三匹 | 四匹 | 五匹 |
| 六匹 | 七匹 | 八匹 | 九匹 | 十匹 |

「十匹」は「じっぴき」と読ませましょう。
カードのうらに，「じっぴき」など読み方を書きます。
「ひき(黒)」「びき(青)」「ぴき(緑)」など，色を変えてもよいでしょう。

## 本

「ほん」「ぽん」「ぽん」3通りの読み方があります。

| 一本 | 二本 | 三本 | 四本 | 五本 |
| 六本 | 七本 | 八本 | 九本 | 十本 |

「十本」は，「じっぽん」と読ませましょう。
当たったら「ピンポーン」。
ちなみに，日本は，「にほん」「にっぽん」2通りの読み方がありますね。

## 分

次のページの「数の読み方プリント」を見ながら，高速読みで「いっぷん，にふん……じっぷん」まで言わせます。まちがえたときやときどき，確認のために，裏にして答えを見せます。

## 数の読み方プリント（おもて）

| 数 | 何分 | 何匹 | 何本 | 何月 | いくつ | 何時 | 何人 | 何日 | 何日 |
|---|---|---|---|---|---|---|---|---|---|
| 一 | 一分 | 一匹 | 一本 | 一月 | 一つ | 一時 | 一人 | 一日 | 十四日 |
| 二 | 二分 | 二匹 | 二本 | 二月 | 二つ | 二時 | 二人 | 二日 | 十七日 |
| 三 | 三分 | 三匹 | 三本 | 三月 | 三つ | 三時 | 三人 | 三日 | 十九日 |
| 四 | 四分 | 四匹 | 四本 | 四月 | 四つ | 四時 | 四人 | 四日 | 二十日 |
| 五 | 五分 | 五匹 | 五本 | 五月 | 五つ | 五時 | 五人 | 五日 | 二十四日 |
| 六 | 六分 | 六匹 | 六本 | 六月 | 六つ | 六時 | 六人 | 六日 | 二十七日 |
| 七 | 七分 | 七匹 | 七本 | 七月 | 七つ | 七時 | 七人 | 七日 | 二十九日 |
| 八 | 八分 | 八匹 | 八本 | 八月 | 八つ | 八時 | 八人 | 八日 | 三百 |
| 九 | 九分 | 九匹 | 九本 | 九月 | 九つ | 九時 | 九人 | 九日 | 六百 |
| 十 | 十分 | 十匹 | 十本 | 十月 | 十 | 十時 | 十人 | 十日 | 八百 |

## かずのよみかたプリント（うら）

| かず | なんぷん | なんびき | なんぼん | なんがつ | いくつ | なんじ | なんにん | なんにち | なんにち |
|---|---|---|---|---|---|---|---|---|---|
| いち | いっぷん | いっぴき | いっぽん | いちがつ | ひとつ | いちじ | ひとり | ついたち | じゅうよっか |
| に | にふん | にひき | にほん | にがつ | ふたつ | にじ | ふたり | ふつか | じゅうしちにち |
| さん | さんぷん | さんびき | さんぼん | さんがつ | みっつ | さんじ | さんにん | みっか | じゅうくにち |
| よん | よんぷん | よんひき | よんほん | しがつ | よっつ | よじ | よにん | よっか | はつか |
| ご | ごふん | ごひき | ごほん | ごがつ | いつつ | ごじ | ごにん | いつか | にじゅうよっか |
| ろく | ろっぷん | ろっぴき | ろっぽん | ろくがつ | むっつ | ろくじ | ろくにん | むいか | にじゅうしちにち |
| なな | ななふん | ななひき | ななほん | しちがつ | ななつ | しちじ | しちにん | なのか | にじゅうくにち |
| はち | はっぷん | はっぴき | はっぽん | はちがつ | やっつ | はちじ | はちにん | ようか | さんびゃく |
| きゅう | きゅうふん | きゅうひき | きゅうほん | くがつ | ここのつ | くじ | きゅうにん | ここのか | ろっぴゃく |
| じゅう | じゅっぷん | じゅっぴき | じゅっぽん | じゅうがつ | とお | じゅうじ | じゅうにん | とおか | はっぴゃく |

# 漢字 10　一生県名

社会の学習と漢字の学習をリンクさせましょう。
子どもたちは、知識欲旺盛です。大人が難しいと思う漢字も、すぐに覚えてしまいます。
日本地図を見て、県名を覚えるのです。
4年生で実施すると、5年の社会の授業に役立ちます。

## やり方

まずは、自分が住んでいる地方から覚えるのがいいと思います。
・東北地方、関東地方などの、地方ごとに覚える。
・北から順番に覚える。
・自分の住んでいるところから、広げていく。
など、いろいろな覚え方があります。
余裕があれば、地方ごとのプリントをつくってもいいでしょう。

全部覚えて書けるようになったら、次は県庁所在地を覚えます。

① 北海道（札幌）
② 青森（青森）
③ 岩手（盛岡）
④ 宮城（仙台）
⑤ 秋田（秋田）
⑥ 山形（山形）
⑦ 福島（福島）
⑧ 茨城（水戸）
⑨ 栃木（宇都宮）
⑩ 群馬（前橋）
⑪ 埼玉（さいたま）
⑫ 千葉（千葉）
⑬ 東京（新宿）
⑭ 神奈川（横浜）
⑮ 新潟（新潟）
⑯ 富山（富山）
⑰ 石川（金沢）
⑱ 福井（福井）
⑲ 山梨（甲府）
⑳ 長野（長野）
㉑ 岐阜（岐阜）
㉒ 静岡（静岡）
㉓ 愛知（名古屋）
㉔ 三重（津）
㉕ 滋賀（大津）
㉖ 京都（京都）
㉗ 大阪（大阪）
㉘ 兵庫（神戸）
㉙ 奈良（奈良）
㉚ 和歌山（和歌山）
㉛ 鳥取（鳥取）
㉜ 島根（松江）
㉝ 岡山（岡山）
㉞ 広島（広島）
㉟ 山口（山口）
㊱ 徳島（徳島）
㊲ 香川（高松）
㊳ 愛媛（松山）
㊴ 高知（高知）
㊵ 福岡（福岡）
㊶ 佐賀（佐賀）
㊷ 長崎（長崎）
㊸ 熊本（熊本）
㊹ 大分（大分）
㊺ 宮崎（宮崎）
㊻ 鹿児島（鹿児島）
㊼ 沖縄（那覇）　　※（　）が県庁所在地です。

## 一生県名プリント

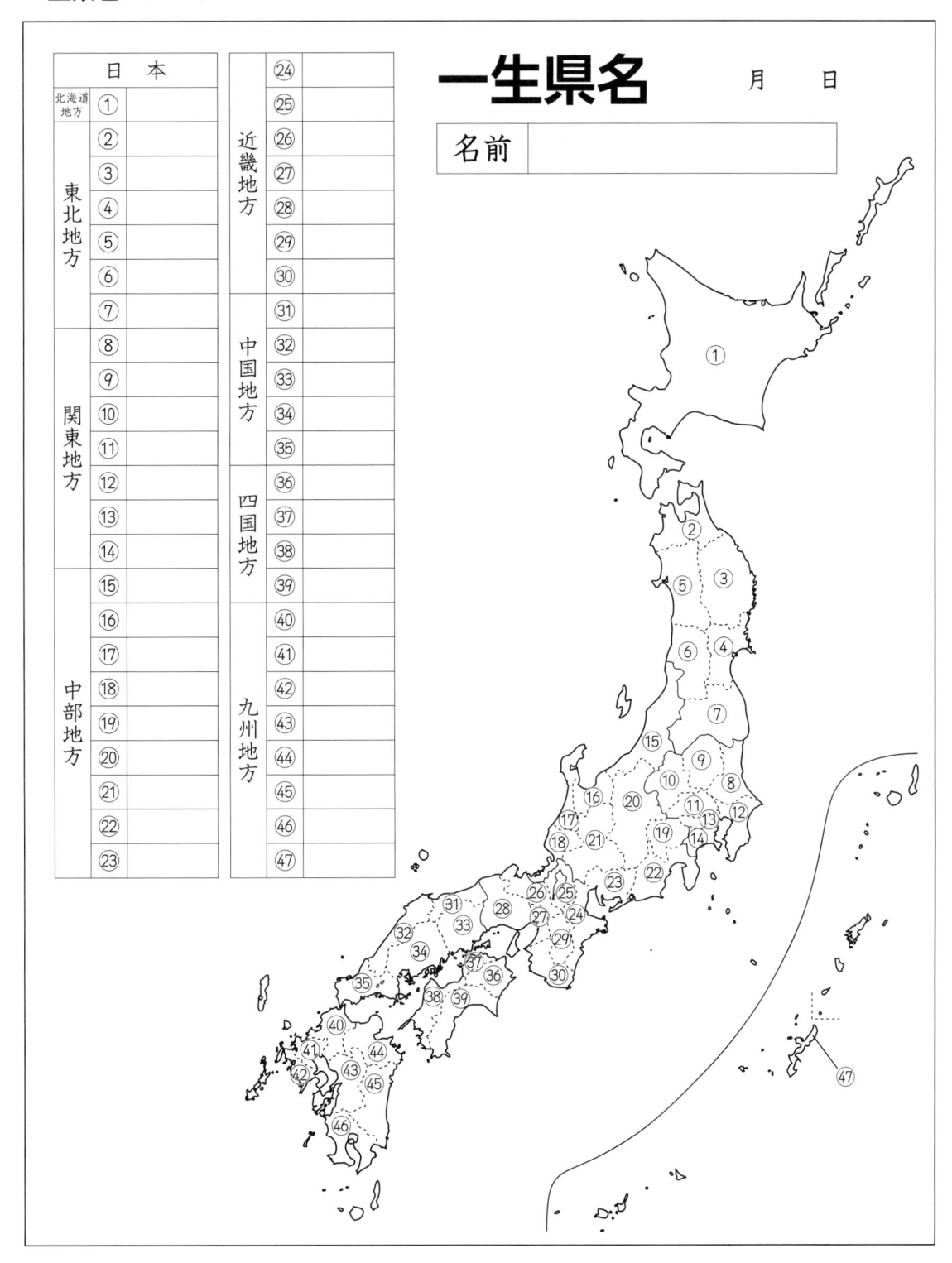

**一生県名**　　月　日

名前：

| 日本 | |
|---|---|
| 北海道地方 | ① |
| 東北地方 | ② |
| | ③ |
| | ④ |
| | ⑤ |
| | ⑥ |
| | ⑦ |
| 関東地方 | ⑧ |
| | ⑨ |
| | ⑩ |
| | ⑪ |
| | ⑫ |
| | ⑬ |
| | ⑭ |
| 中部地方 | ⑮ |
| | ⑯ |
| | ⑰ |
| | ⑱ |
| | ⑲ |
| | ⑳ |
| | ㉑ |
| | ㉒ |
| | ㉓ |

| | |
|---|---|
| 近畿地方 | ㉔ |
| | ㉕ |
| | ㉖ |
| | ㉗ |
| | ㉘ |
| | ㉙ |
| | ㉚ |
| 中国地方 | ㉛ |
| | ㉜ |
| | ㉝ |
| | ㉞ |
| | ㉟ |
| 四国地方 | ㊱ |
| | ㊲ |
| | ㊳ |
| | ㊴ |
| 九州地方 | ㊵ |
| | ㊶ |
| | ㊷ |
| | ㊸ |
| | ㊹ |
| | ㊺ |
| | ㊻ |
| | ㊼ |

# 漢字 11　漢字リピート

漢字習得のコツは，読み書きを分離させることです。
まずは，読めるようにすることが大切です。

## 復唱の奇跡

たとえば，次のような文があります。
①赤ちゃんを母乳で育てる。
②宇宙ロケットが打ち上げられた。
③大地震の対策を練る。
④山の頂上に立つ。
⑤鮎釣りが解禁になる。
プリントを見て言います。
教　師「赤ちゃんを母乳で育てる」
子ども「赤ちゃんを母乳で育てる」
教　師「宇宙ロケットが打ち上げられた」
子ども「宇宙ロケットが打ち上げられた」
教　師「大地震の対策を練る」
子ども「大地震の対策を練る」
教　師「山の頂上に立つ」
子ども「山の頂上に立つ」
教　師「鮎釣りが解禁になる」
子ども「鮎釣りが解禁になる」
このように復唱させます。
できるようになってきたら，1人ずつ教師役をやらせます（1つずつ）。
子ども①「赤ちゃんを母乳で育てる」
全　員　「赤ちゃんを母乳で育てる」
子ども②「宇宙ロケットが打ち上げられた」
全　員　「宇宙ロケットが打ち上げられた」
子ども③「大地震の対策を練る」
全　員　「大地震の対策を練る」
子ども④「山の頂上に立つ」
全　員　「山の頂上に立つ」
子ども⑤「鮎釣りが解禁になる」
全　員　「鮎釣りが解禁になる」
復唱は，驚くほど有効です。
お試しあれ。

| 1年 | 2年 | 3年 | 4年 | 5年 | 6年 |   5分

**超高速読み**

「すらすら読めるように」と言っても，なかなかそうはなりません。
　モチベーションも上がりません。
　しかし，ゲームとなると変わってきます。
「何秒で読めるかな」
　タイムを計るのです。
　速く読むためには，すらすら読めなければなりません。
　タイムを縮めようと練習するうちに，すらすら読めるようになるのです。

**漢字リピート**

漢字ドリルから5～10文くらいを読ませます。
たとえば，①～⑩の文があります。
①さくらの開花。
②草木の芽生え。
③胃腸薬を飲む。
④家路につく。
⑤すっかり安心する。
⑥雲海が見える。
⑦新雪の上を歩く。
⑧決意をかためる。
⑨物語に感動する。
⑩日照りがつづく。
漢字ドリルを見て言います。
教　師「さくらの開花」
子ども「さくらの開花」
教　師「草木の芽生え」
子ども「草木の芽生え」
このように⑩まで復唱させます。
できるようになってきたら，1人ずつ教師役をやらせます。
子ども①「さくらの開花」
全　員　「さくらの開花」
子ども②「草木の芽生え」
全　員　「草木の芽生え」
このように⑩まで復唱させます。
できるようになったら，
・班→全員
・班のメンバー1人ずつ交代で
・1人で
・1人で速く
読ませるなど，変化をつけましょう。

[3]　漢字ユニット集

# 漢字 12　漢字探し

- 図の中に隠れている漢字を探します。
- 頭が柔らかくないと，見つけられません。
- 見つけようとすることで，発想が豊かになります。
- 漢字をぐんと身近にしてくれます。

## やり方

次の図を提示します。

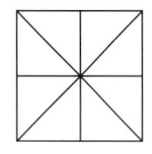

「この図の中に，漢字がたくさん隠されています。この中から漢字を探しましょう」

漢字をいくつ見つけられるでしょう。

たとえば，一，二，三，日，田，大，口などです。

子どもたちが見つけられないときは，ヒントを出します。

「ヒントがほしい人は，先生のところにいらっしゃい」

集まってきた子どもたちに，ヒントを出します。

漢字の探し方を，教えるのです。

簡単な字がいいです。

教　師　「『土』という字があるでしょう。図をなぞります」
子ども　「あっ，あった」
教　師　「なぞって，『木』という字もあります」

3つか4つ教えると，子どもたちは自分の席に跳んで帰ります。

見つけ方が，少しわかったのです。

「見つけた人は，先生に教えに来てね」

「おおっ，『上』か。なるほど。よく見つけたね」

子どもが見つけた漢字を，板書します。

板書した漢字は，写していいのです（笑）。

子どもたちは，漢字を探すことに熱中します。

知らないうちに，たくさん漢字を書いています。

## 次の日から毎日

次の日から，「漢字探し」を行います。

毎日行います。

毎日，5分。

・時間を決めてやる。
・毎日行う。

というのがポイントです。

ノートに番号をつけて書いていきます。
1　一　2　二　3　日
というように書いていきます。
最初は, 20も見つけられません。
頭を柔らかくしないと, 見つけられないのです。
しかし, 毎日くりかえすうちに, 50以上見つけるようになります。
見つけられない子には, 次のように言うのです。
「教科書を見てもいいですよ」
「辞書を引いてもいいですよ」
漢字辞典を引くようになります。
たくさん見つけたいがために, 辞書を引きます。
純粋な動機（笑）ですね。

今までの最高は, 157個。
もちろん, こじつけもたくさんあります。
「えーっ, そんなのあり？」
というものもあります。
まあ, 大目に見てください。
大切なのは, 子どもたちのやる氣です。

教師もやりましょう（けっこうおもしろいです）。
子どもと競争する。
1つずつ交代で書く（タッチ方式）。
5分でいくつ見つけられるか挑戦させます。
子どもたちは, たくさん見つけたいのです。
ですから, 家で調べてきます。
たくさん見つけようと親に聞くようになります。
何も言わないのに, 漢字辞典を引くようになります。
毎日行うと, 進歩がわかります。
はじめは2～3個しか見つけられなかった子が, 10以上見つけるようになります。
1週間もすれば, 30くらい見つけます。
毎日, 見つける数が増えていきます。
これがおもしろいのです。
子どものやる氣を引き出します。
楽しみながら, 漢字をたくさん書くことができます。
いやな感じから, とってもいい漢字へ。

## 漢字 13　くりかえし漢字プリント

漢字が苦手な子は，なかなか漢字を覚えません。練習しても，すぐ忘れてしまいます。
そんな子のために，くりかえし漢字プリントを作成しました。

### くりかえし漢字プリントの特長

#### 3段階レベル

3段階レベル
ずらし

レベル1
　うんとやさしくしました。ヒントを明示したのです。
　読み方を明示しました。
　選択肢をもうけました。
レベル2
　読み方を明示しました。
レベル3
　ノーヒントです。

#### ずらし

力の弱い子でも，レベル1には手が届きます。
スモールステップで学習するので，抵抗が少なくなります。
しかし，これだけではダメです。効果がその場限りになりやすいのです。
そこで考えたのが「ずらし」です。
同じプリントを何度もやるのではなく，1つずつ，ずらすのです。
レベル1の問題を，レベル2にするのです。
　　レベル1　読み，選択肢あり
　　　　↓
　　レベル2　読みだけ
レベル2は，レベル3にします。
このように，1つずつずらしていくのです。
同じ問題を，3段階のレベルで3回くりかえします。
かなり効果的な方法です。

## くりかえし漢字プリント①

チャレンジタイム（同音異義語）　名前

レベル1
◆の問題　ア　案・暗・安

① かけ算の問題を◆算でする。
② 交通◆全をこころがける。
③ 様名移動教室の計画◆を作る。

レベル2
●の問題　エ　

① 母と動物●に行く。
② 1個百●のコップを買う。
③ ●足で1年生と手をつなぐ。

レベル3
■の問題　

① アニメの最終■をみる。
② 夏休みに■水浴く行く。
③ 水泳で出■新記録が出る。

くりかえし漢字プリント②

## チャレンジタイム（同音異義語） 名前

レベル1
■の問題 [キ] 希・記・季

① 日本には四つの■節がある。
② ■望の火をみんなで囲む。
③ 毎日の生活を日■につける。

レベル2
◀の問題 [アン]

① かけ算の問題を◀算でする。
② 交通◀全をこがける。
③ 様名移動教室の計画◀を作る。

レベル3
●の問題 [　]

① 母と動物●に行く。
② 一個百●のコップを買う。
③ ●足で一年生と手をつなぐ。

# [4]
## 音読ユニット集

# 音読指導のポイント

- さあ，音読の授業を始めましょう。
- ポイントは「音読っておもしろい」と思わせること。
- やってみせる，いろいろな言葉かけをすることが大切です。
- 表現する楽しさを味わわせ，表現力を伸ばしましょう。
- ただ読ませるだけでは，なかなかうまくなりません。
- ポイントをおさえて指導しましょう。子どもたちは驚くほどうまくなります。

## まずは教師が

教師がやってみせることが大切です。
「えっ，先生がやるの！」
子どもたちだけにやらせると，うまくいきません。
子どもたちは，「じゃあ，先生がやってみれば」と思っています。
高学年になると，表現することが恥ずかしくなってくるのです。
まず，教師がやりましょう。
恥ずかしがらずに堂々と読みましょう。
教師がやるから，子どももやるのです。

## 一斉音読から

まずは，一斉に読ませます。
「みんなで読めば，こわくない！」
みんなといっしょにやると，声を出さない子どもも，だんだん出すようになります。
1人ではできませんが，みんなといっしょならできるのです。
できない子は，無理に1人で読ませません。
高学年になると，無理にやることはマイナスになります。
少しずつ気持ちをほぐしていきます。
1人ずつ，音読好きにしていきましょう。
「やってみようかな」と思うまでは，付き合いましょう。

## 少しやさしい教材で

すらすら読めれば，表現に意識を集中できます。
その学年より，少しやさしい教材を選びましょう。
まずは，1年生レベルの教材がいいと思います。
漢字などの言葉が難しいため，音読がきらいになってしまう場合があります。

## 短く

わずか1行でもいいのです。2〜3行でもいいのです。
長文だと，1回読むだけで終わってしまい，あまり練習になりません。
読む分量を少なくするのがコツです。
短いと，短時間で終わります。
くりかえし練習することができます。

## 音読の声

地声でやっていると，なかなかうまくなりません。
どなる，語尾が下がる，語尾がのびる……こうなりやすいのです。
「もっと元氣に」「大きな声で」
よけいに表現から遠ざかります。
普段より，ちょっと軽め，高めの声を出させましょう。
全校群読の声，あの声が，音読の声です。
ちょっと変えるだけですが，格段に表現しやすくなります。
声をコントロールしやすくなるのです。

## 聴き手意識

音読……だれに聴かせるのでしょう？
たいていの場合，意識していません。
「1年生に，聴かせよう」
「おじいちゃんに，読んであげよう」
いろいろ働きかけてみましょう。
子どもによって，聴き手はちがっていいのです。
聴き手は，友だち，お母さん？
聴き手の人数によって，声の大きさはちがってきます。
1人，2〜3人，大勢。
聴き手を意識すると，音読が変わってきます。

## いろいろな表現（感情表現）

感情によって表現がちがってくることを意識させます。
たとえば，次の言葉です。
「こんにちは」
・元氣よく
・どうも調子がよくない……弱々しく
・昨日けんかしちゃった……仕方なしに
・いやな人に
・自分が大好きな人に
短い言葉ですが，いろいろな表現ができます。
・目で表現
・手で表現
・体で表現

## システム

毎日，少しずつ続けるのがポイントです。
1日5分の練習。
上達したところを見つけて，ほめましょう。
・短時間
・毎日
・くりかえす

・上達度チェック
必ず，発表を位置づけましょう。
一人ひとり，グループごとに発表させましょう。
学級の中だけでなく，いろいろな場で発表させましょう。
　　・他学年を招いて
　　・保護者を招いて
　　・地域の人を招いて

## いつでも音読

　音読のときだけ表現を意識していたのでは，あまり上達しません。
　あいさつのときも，音読です。
　社会科や理科の教科書を読むとき，文章題を読むときなども，音読のときと同じように読ませます。
　答え合わせのときも，音読のときと同じように読ませます。
　いつでも音読，どこでも音読。

## 言葉をはっきり

　「もっと言葉をはっきり」「口を大きく開けなさい」と指示します。
　しかし，子どもたちの音読が変わらないことがあります。
　こんなときは，早口言葉が有効です。
　特に有効なのは，次の早口言葉です。

　　あかぱんかび
　　あおぱんかび
　　きぱんかび

　速くするととたんに難しくなります。
　「きぱんかび」が「きぱんぱぎ」になってしまいます。

　　生タラバガニ
　　焼きタラバガニ
　　ゆでタラバガニ

　おもしろいです。
　2回，3回くりかえすと，さらに難しくなります。
　言葉が，はっきりしてきます。

## 響きある声で

　「大きな声で読みなさい」「元氣な声で読みなさい」という指示を出すと，子どもたちはどなってしまうことが多いと思います。
　確かに声は大きくなりますが，表現としてはいかがなものでしょうか。
　張りのある声（芯がある声），響く声で音読させましょう。
　ハミングをさせます。
　「鼻の頭を軽くさわってごらん」
　ふるえていることを確かめさせます。
　自分の声が響いているかチェックさせます。

響く声とは，芯があり，よく通る声なのです。

## 目で表現

表情の中でも，目は特に大切です。
慣れてきたら，なるべく教科書から目を離すように言いましょう。
目でいろいろな表現ができます。
**聴き手を見て**
　・じーっと見る
　・熱い視線で見る
　・にらみつける
など，感情が目に出ます。
**思い出して（回想）**
　・目を閉じて
　・目を半分閉じて，うっとりして
**距離を表す**
　・近くを見て
　・少し離れたところを見て
　・遠くを見て

## イメージさせる

「ぞうさん」の一節です。

　　ぞうさん
　　　　　　まど・みちお
ぞうさん　ぞうさん
おはなが　ながいのね
そうよ
かあさんも　ながいのよ

ぞうは，どこにいるのでしょうか。
アフリカ，動物園，サファリパーク，映画。
大人のぞうでしょうか，子どものぞうでしょうか。
見ているのは大人ですか，子どもですか。
この人ははじめてぞうを見たのでしょうか。
「おはながながいのね」
ぞうに話しかけるように読みましょう。
感心して，びっくりして。

## いろいろな読み方

1回目と2回目の「ぞうさん」の読み方を変えてみましょう。
小さく，大きく。
1回目　はなれたところで。
2回目　近づいて。
「そうよ」
自慢するように。

## 強弱

「強弱をつけなさい」と言っても，つけられません。
　子どもたちの意識改革が必要です。
　自分ではしているつもりでも，聴き手にとってはそのように聴こえないのです。
　聴き手にどう聴こえるかを意識させる必要があります。
　「ふきのとう」（工藤直子『こくご二上たんぽぽ』光村図書）の一節です。

　　よがあけました。
　　あさの光をあびて，竹やぶの竹のはっぱが，
　「さむかったね。」
　「うん，さむかったね。」
　と，ささやいています。

極端に声の大きさを変える必要があります。
　「寒い（暑い）」
大きな声で **「寒い」**
ないしょ話のような声で「寒い」
これくらい変化させましょう。

### **竹やぶの竹のはっぱが，**
「さむかったね。」
「うん，さむかったね。」
**と，ささやいています。**

これくらい差をつけます。

## 緩急（スピードの変化）

スピードを変えることができると，読みが立体的になってきます。
メリハリがつきます。
「スイミー」（レオ＝レオニ，谷川俊太郎訳『こくご二上たんぽぽ』光村図書）の一節です。

　ある日，おそろしいまぐろが，おなかをすかせて，すごいはやさでミサイルみたいにつっこんできた。

　「ある日」ゆっくり，「日」で1回切ります。
　「おそろしいまぐろが」ゆっくり読みます。
　「おなかをすかせて」少し速くします。
　「すごいはやさでミサイルみたいにつっこんできた」一気に速く読みます。
　スピードを変化させることで，緊迫感が出てきます。

## 強調

どの言葉を強調するかで表現がちがってきます。
その言葉（キーワード）を光らせます。
粒立たせるのです。

そうすることによって，思いが伝わります。
　「スイミー」の一節です。

**一口で，まぐろは，小さな赤い魚たちを，一ぴきのこらずのみこんだ。**

　どの言葉を強調しますか。
　「一口で」「まぐろは」「小さな赤い魚たちを」「一ぴきのこらずのみこんだ」
　それぞれの言葉を強調して，音読してみましょう。
「一口で」
　小さな魚を一度に全部飲み込んでしまう感じを出すために，口を大きく開けて一瞬止まります。
　それから，「ひとくちで」とはっきりした声で言います。
「まぐろは」
　スイミーたちの幸せをこわした魚はまぐろ。
　「まぐろは」のところで，まぐろを指さして。
「小さな赤い魚たちを」
　スイミーの友だちだということを強調します。
　「小さな」ないしょ話の声で。
　「赤い魚たちを」小さな声で。
「一ぴきのこらずのみこんだ」
　この部分，顔をそむけて，悲しそうに読みます。
　キーワードがちがえば，表現もちがってきますね。

# 音読のバリエーション

いつも同じように読んでいるとマンネリ化します。
子どもも教師も,モチベーションが低下します。工夫が必要ですね。
いろいろな音読方法を紹介します。

**追い読み**
基本中の基本です。
教師が読みます。
そのとおりに読ませるのです。
まずは,これを徹底してください。
教師の読みがポイントです。
読めない子は,追い読みすらできません。
平易な短い文をくりかえし音読させましょう。

**リレー読み**
一文読んだら,次の子が読みます。
席の順に読んでいきます。

**指名なし読み**
読みたい子が立って,一文読みます。
順番が決まっていないリレー読みです。

**高速読み**
1分間で何文字読めるでしょうか。
すらすら読めないと,文字数は多くなりません。
子どもの意識は,すらすらから文字数へ。
文字数が多くなるということは,すらすら読めるということです。
目安は1分間に350字です。

**役割分担読み**
役割を決めて読みます。
たとえば,登場人物と語り手に分かれるなど。

**暗唱**
詩や物語を暗唱させましょう。

**表現読み**
102ページからを参考にしてください。

## 「形」を変える

**教材を変える**
- 物語
- 詩
- 早口言葉
- 百人一首
- いろはかるた
- 古典

**形態を変える**
- 一斉
- グループ
- 個人

**スピードを変える**
- コマ送り
- スロー
- 高速

**立つ位置を変える**
- 教室の4隅
- 教室の前と後ろ

**場所を変える**
- 体育館
- 廊下や階段（よく響きます）
- 校庭

**方法を変える**
- 読み聴かせ
- パネルシアター
- 紙芝居
- 劇

## 音読 1　おすすめ教材 1 年

　教科書冒頭に出てくる詩を取りあげます。
　教科書の最初に出てきます。
　最初の授業から,「表現」を意識させることが大切です。

　　　　　はる　　　　　　なかがわ　りえこ

　　　　　はるの　はな
　　　　　さいた
　　　　　あさの　ひかり
　　　　　きらきら

　　　　　おはよう
　　　　　おはよう
　　　　　みんな　ともだち
　　　　　いちねんせい

　　　　（平成23年版『こくご一上かざぐるま』光村図書, p.1より引用）

**イメージ**

　1年生,大きな声を出すことができますが……教室節といわれるへんな読みになりやすいです。
　力(りき)んでしまい,語尾を強く読むくせをつけないように,言葉のイメージを声で表現させましょう。
　冬からようやく春になった。
　みんなが待っていた「春」。
　どんな声で読んだらいいかな。
　「はるのはな」をイメージさせて音読させましょう。
・花の種類　　「どんな花?」
・花の色　　　「花の色は何色?」
・花の数など　「1つ, 3つくらい, たくさん?」

**喜びの表現いろいろ**

「さいた」
・わくわくした感じで。
・「やったー!」と叫ぶ感じで。
・小さな声で喜びをかみしめて。

| 1年 | 2年 | 3年 | 4年 | 5年 | 6年 | 5分 |

| ちょっとひと工夫 リフレイン | 「はるのはな」<br>　「はるのはな」<br>　「はるのはな」<br>　3〜5回くらいくりかえします。<br>　最初は, ないしょ話の声で。<br>　だんだん大きくしていきます。<br>　「さいた」で, いちばん声を大きくします（「さいた」喜びを表現）。|

| イメージ | 「あさのひかり」<br>・まぶしい感じ。<br>・さわやかな感じ。<br>・あたたかい感じ。|

| バリエーション | 「おはよう」のくりかえし<br>・「おはよう」（大きく）「おはよう」（もっと大きく）<br>・「おはよう」（小さく）「おはよう」（大きく）<br>・「おはよう」（1人で）「おはよう」（みんなで）<br>・「おはよう」（女の子）「おはよう」（男の子）<br>・顔を見合わせて。<br>・手を振って。<br>・にこにこして。<br><br>「みんなともだち／いちねんせい」<br>　「みんなともだち」で, 顔を見合わせます。<br>　「いちねんせい」<br>・声をそろえ, ジャンプします。<br>・手を突きあげます。|

### 1年生の音読におすすめ！

（詩）
- 「あるけあるけ」（鶴見正夫）
- 「あめふりくまのこ」（鶴見正夫）
- 「木」（清水たみ子）
- 「てんとうむし」（川崎洋）
- 「ともだち」（まど・みちお）

（物語）
- 「おむすびころりん」（羽曽部忠）
- 「はなのみち」（岡信子）
- 「おおきなかぶ」（ロシア民話）
- 「くじらぐも」（中川李枝子）
- 「たぬきの糸車」（岸なみ）

## 音読 2　おすすめ教材 2 年

かけ合いがおもしろい詩です。
役割分担して音読させましょう。

　　　　　「たんぽぽさんって,
　　　　　　まぶしいのね。
　　　　　　ひまわりさんの　子で,
　　　　　　お日さまの　まごだから。」
　　　　と, ちょうちょうが　きいた。
　　　　たんぽぽは,
　　　　うふんと　わらった。

（平成23年版『こくご二上たんぽぽ』光村図書p.1より引用）

### 役割分担

- ちょうちょう　　「　　」内の台詞
- たんぽぽ　　　　「うふん」
- ナレーション　　「と, ちょうちょうがきいた。たんぽぽは」「とわらった」

できるようになったら, 交代させます。

### 1人役割分担

次は, 1人3役です。
練習したことをいかして, 1人で読むのです。

### ちょうちょうの台詞

　ちょうちょうは, どうしてたんぽぽに聴いたのでしょう。
- なんとなく。
- 不思議だから。
- 「きっとこうだ！」と思って。
- たんぽぽの美しさに感動して。

などなど, いろいろなことが考えられます。
　それを音読で表現するのです。
　表現が上手だからといって, 解釈できているかどうかはわかりません。
　解釈できているからといって, 表現できるとは限りません。
- 解釈→表現
- 表現→解釈

　両面から迫りましょう。
　どのように聴いたのでしょうか。
- 不思議そうに。
- 確信して。
- こわごわと。
- 感動して。

| 1年 | **2年** | 3年 | 4年 | 5年 | 6年 | | **5**分 |

### 工夫

どうしたら表現できるか、教えましょう。
また、考えさせましょう。
「たんぽぽさんって、／まぶしいのね」
・目　大きく見開き、たんぽぽをじーっと見る。
・表情　感心したように。
・言い方　「すごいなー」という感じ、ほめる感じで。
・声の大きさ　「まぶしい」を強調して大きな声で。
・動作　すごいすごいという感じで首を動かす。
　　　　（うなずく）→何度もうなずく。

---

**2年生の音読におすすめ！**

（詩）
「ぶらんこ」（岡村民）
「おおきくなあれ」（阪田寛夫）
「あめのうた」（鶴見正夫）
「いちばんぼし」（まど・みちお）
「たけのこ　ぐん」（武鹿悦子）

（物語）
「スーホの白い馬」（モンゴル民話）
「スイミー」（レオ＝レオニ）
「ろくべえまってろよ」（灰谷健次郎）
「かさこじぞう」（岩崎京子）
「お手紙」（アーノルド＝ローベル）

# 音読 3　おすすめ教材 3 年

ちょっと考えてみると，いろいろなことが見えてきます。
イメージが鮮明になってきます。

　　　　わかばを見ると
　　　　むねが晴れ晴れする。
　　　　ぼくら子どもも　ほんとは
　　　　人間のわかば。
　　　　天が，ほら。
　　　　あんなに晴れ晴れしている。
　　　　ぼくらを見まもって……。

　　　　（平成23年版『国語三上わかば』光村図書p.1より引用）

### だーれだ

　「わかば」を見ている人はだれでしょう。
　根拠になる言葉があります。
　「ぼくら子ども」です。
　「子ども」を細かく見ていきましょう。
　男の子でしょうか，女の子でしょうか。
　何歳くらいの子でしょうか。
　何人でしょうか。
「わかばを見ると」
・はじめて見たのでしょうか。
・ふと目についたのでしょうか。
・毎日見ていたのでしょうか。
・芽が出て葉になるまで続けて見ていたのでしょうか。
「晴れ晴れする」
　「晴れ晴れ」の意味を説明します。
　どのようにしたら，それを表現できるでしょうか。
　考えさせます。
　今までの氣分と「わかば」を見たときの氣分を比べてみましょう。
　どちらがいい氣分ですか。
　枯れ葉を見ても，同じ氣分になるでしょうか。
　天の「晴れ晴れ」。
　くもりですか。晴れてますか。
　雲はありますか。雲ひとつありませんか。
　「むね」の晴れ晴れと「天」の晴れ晴れ。
　同じところはどこでしょう。

**1年 2年 3年 4年 5年 6年　5分**

「わかば」
　わかばと普通の葉，枯れ葉はどうちがいますか。
「人間のわかば」
　意味を考えさせましょう。
　　「ほんとは」という言葉があります。
　　「ほんとは」を抜いて読んでみましょう。
　原文と読み比べてみましょう。

**視線の移動**
「天が」
　視線を移動します（わかば→空）。
　近くから遠くに。ななめ上を見るようにします。
「ほら」
　呼びかけるように。
　視線を移動します。
　わかば→空→人（友だち，みんな）。

---

**3年生の音読におすすめ！**

（詩）
「りんりりん」（岸田衿子）
「かえるのぴょん」（谷川俊太郎）
「かもつれっしゃ」（有馬敲）
「星とたんぽぽ」（金子みすゞ）
「夕日がせなかをおしてくる」（阪田寛夫）

（物語）
「わすれられないおくりもの」（スーザン＝バーレイ）
「手ぶくろを買いに」（新美南吉）
「ちいちゃんのかげおくり」（あまんきみこ）
「おにたのぼうし」（あまんきみこ）
「モチモチの木」（斎藤隆介）

# 音読 4　おすすめ教材 4年

**対比して読むとおもしろい詩です。**

　　　　雲がかがやいている。
　　　　林の上で。

　　　　みんなのほおもかがやいている。
　　　　湖のほとりで。

　　　　あ，今，太陽が
　　　　山をはなれた。

　　　　　　（平成23年版『国語四上かがやき』光村図書p.1より引用）

| | |
|---|---|
| **対比**<br>読んでから見るか<br>見てから読むか | かがやいている雲を見てから「雲が〜」と言う。<br>「雲が〜」と言ってから，雲を見る。 |
| **ためるか**<br>**つなげるか** | 「雲が　かがやいている」というように間を取る。<br>ためて読む。<br>つなげて読む。 |
| **第1連と**<br>**第2連** | ・「雲」と「みんなのほお」<br>　「雲」は，遠くを見る。「みんなのほお」は，近くを見る。<br>　第1連の「かがやいている」と第2連の「かがやいている」を読みわけする。<br>・「林の上で」と「湖のほとりで」<br>　読みわけをする。<br>　同じように読む。 |
| **かがやきを**<br>**比べる** | 雲と空のかがやき，みんなのほおのかがやきを比べてみましょう。<br><br>　　☀ ⟶ 空　雲　⎫<br>　　　　　　　㋱　⎬ 対比<br>　　　⟶ 地　人　⎭<br>　　　　湖のほとり<br><br>この雲はどんな雲でしょうか。 |

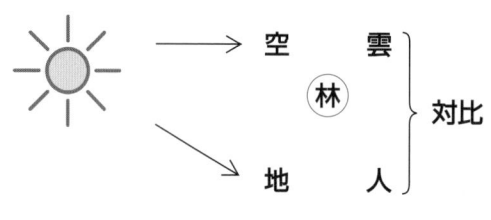

1つでしょうか, 2〜3つでしょうか, たくさんでしょうか。
今は, 朝でしょうか, 昼でしょうか, 夕方でしょうか。
いろいろ, イメージできますね。
1つの雲をイメージさせて言わせます。
「1つの場合は, 目を一点に。目を動かさずに言いましょう」
目が動かなくなります。
それができたら, たくさんの雲をイメージさせます。
しかし, イメージの表現となるとうまくいきません。
思うこと＝表現ではないからです。
ここに表現指導の難しさ, おもしろさがあります。
右ななめを向きます。視線をすーっと左に動かします。
目を動かしながら「雲がかがやいている」と言うのです。
イメージすることにより, 音読が変わってきます。

| 第1連・2連と第3連 | 第1連・2連は, 静かに, 第3連は, 声を大きくしわくわくした感じで読む。<br>第1連・2連は, 長い間見ている感じ, 第3連は, サプライズ。 |
|---|---|
| 「あ」 | ・驚いた感じ。<br>・「待ってました」という感じ。<br>・感動！<br>など, 対比させて読むのもおもしろいと思います。 |

### 4年生の音読におすすめ！

(詩)

「春のうた」（草野心平）
「よかったなあ」（まど・みちお）
「わたしと小鳥とすずと」（金子みすゞ）
「はじめて小鳥が飛んだとき」（原田直友）
「朝のリレー」（谷川俊太郎）

(物語)

「ごんぎつね」（新美南吉）
「一つの花」（今西祐行）
「白いぼうし」（あまんきみこ）
「八郎」（斎藤隆介）
「セロひきのゴーシュ」（宮沢賢治）

## 音読 5　おすすめ教材 5 年

> きれいな声を出させるのに適している教材です。
> 銀河の美しさを音読で表現させましょう。
> まずは説明します。
> 銀河の写真を見せるといいでしょう。
> 銀河を知らない子もいるからです。

　　あの遠い空にひとすじ,
　　星たちが,
　　ぶつかり合い,重なり合い,
　　河のように光っている「銀河」。
　　牛乳をこぼしたようにも見えるから,
　　「乳の道」とも言うそうだ。
　　どっちもいい名前だなあ。

　　（平成23年版『国語五銀河』光村図書p.1より引用）

**「あの遠い空にひとすじ」**

最初,うつむくようにします。
視線を上げ「あの」で固定します。
うんと遠くを見るようにします。
指さすのもいいでしょう。
　「遠い」「とおーい」という感じで,距離感を出します。
うまく表現できない場合は,「近い」と言わせます。
・力を抜いて響かせる感じで。
・空一面の星を見て。
・パッと空が晴れ,今,銀河が見えた。その「銀河」を見て。

**変化**

「星たちが,ぶつかり合い,重なり合い」
　声をだんだん大きくしていきます。
　だんだん速くしていきます。
　声の大きさ＋スピードの変化のミックス。

**遠くを見るように**

「河のように光っている」
　河の流れを追って目を右→左に動かしていきます。
　「光っている」で目を大きく開きます。

1年 2年 3年 4年 **5年** 6年　　5分

## てんで話にならない

「銀河」を「ぎ・ん・が」と読むと重くなりがちです。
「銀河」輝き，美しい感じが出ません。
そこで「きんか」と読ませます。
そうすると，驚くほど変わります。
「銀河」の美しい感じが表現できます。
ちょっとしたことですが，結果は大ちがいです。
重たい感じがするときは，「濁点をとる」。
かなり有効です。

## 前半と後半の読みわけ

「牛乳を」からは，しっとりとした読みが合っています。
声をちょっと小さくしてやさしく語りかけるように読ませます。
「本当にそうだなあ」という感じが出るようにしましょう。
「乳の道」
　ゆっくり，小さな声ではっきりと「ち・ち・の・み・ち」というように読ませます。
「どっちも」
　「両方いいなー」と満足したように，うなずきながら読ませます。

---

### 5年生の音読におすすめ！

（詩）
「うぐいす」（武鹿悦子）
「あいたくて」（工藤直子）
「月夜のみみずく」（ジェイン＝ヨーレン）
「水平線」（小泉周二）
「あめ」（山田今次）

（物語）
「大造じいさんとガン」（椋鳩十）
「わらぐつの中の神様」（杉みき子）
「注文の多い料理店」（宮沢賢治）
「千年の釘にいどむ」（内藤誠吾）
「青銅のライオン」（瀬尾七重）

## 音読6　おすすめ教材6年

> とても素敵な詩ですね。
> 自分を表現することの大切さを，この詩で伝えてください。

　　　一まいの紙から，
　　　船が生まれる。飛行機が生まれる。

　　　ひとかたまりのねん土から，
　　　象が生まれる。つぼが生まれる。

　　　生まれる，生まれる。
　　　わたしたちの手から次々と。

　　　　（平成23年版『国語六創造』光村図書p.1より引用）

### イメージ

「一まいの紙から」
　どんな紙でしょうか。
　大きさは，色は，材質は。
　どこにでもある紙でしょうか。
　友だちからもらった大切な紙でしょうか。
「一まい」
　心の中で「たった」と言ってから「一まいの」と読みます。
　「（たった）一まいの紙から」というように読むのです。
「船が生まれる。飛行機が生まれる」
　いろいろな読み方があります。
・同じような言い方をくりかえす。
・声
　小→大，大→小
・スピード
　だんだん速くしていく。
・つなげて読む，区切って読む。

### 創作

「ほかにどんなものが生まれますか」
　自由に言わせます。
　一人ひとり言わせるといいでしょう。
「船が生まれる。飛行機が生まれる」
　「ロケットが生まれる」
　「花が生まれる」
　「鳥が生まれる」

| 1年 | 2年 | 3年 | 4年 | 5年 | **6年** | 5分 |

このように，一人ひとり言わせます。
それを，つないでいきます。
同じように2連を扱います。

「わたしたちの手から次々と」
　「わたしたち」とは，だれでしょう。
男の子も女の子も。
子どもも大人も。
日本人も日本人以外も。
おり紙が得意な人もそうでない人も。
いろいろなことが考えられます。
「次々と」を抜かして読んでみましょう。
比較すると「次々と」が入っているわけがわかります。
くめどもつきない泉という感じで読ませます。

### 6年生の音読におすすめ！

（詩）
「生きる」（谷川俊太郎）
「風景」（山村暮鳥）
「雨ニモマケズ」（宮沢賢治）
「YELL」（いきものがかり）
「ふるさと」（嵐）

（物語）
「海の命」（立松和平）
「フリードルとテレジンの小さな画家たち」（野村路子）
「きつねの窓」（安房直子）
「やまなし」（宮沢賢治）
「カレーライス」（重松清）

## ユニット授業のここがおすすめ！

- 心地よいリズムができる
- 子どもの伸びがわかる
- 焦らず子どもを待てる
- 全員が真剣な活動になる
- 遊ぶ子がいなくなる
- やることがはっきりしている
- スタートがそろう
- 練習して努力して形になる
- 熱中するから伸びる

（ユニット授業研究会メンバーより）

# [5]

## ユニット授業体験記

# 一点突破！
# 10マス計算で成長が波及する！

白木 一宏 東京都葛飾区立松上小学校

## 成長を始めた子どもたち

「よーい，ドン！」
　えんぴつの音がリズムよく教室に響きます。
　10マス計算を始めてから3カ月。
　タイムの伸びとともに，子どもたちの真剣さがどんどん増し，意識や行動も変わっていきました。
　Aさんは10マス計算で考え方が変わりました。
「私は4年生まで100マスでいつも1番でした。1番ということだけでうれしくて，タイムが1分30秒くらいでも，1番だからそれでいい，という考え方をしていました」
　その考えを変えたのは仲間の存在でした。
　Aさんは先の言葉に続けて，こんなふうにつづっています。
「けれども5年生になってから，この考え方ではダメだと思いました。なぜなら，みんな前に進もうとするからです」
　6月下旬にはトップが入れかわるようになり，1分を切る子がどんどん出てきました。
　トップは40秒台に突入！
　教室の空気が変わりました。
　Aさんは放課後や家でも練習を開始。
　表情が引き締まり，姿勢もよくなっていきました。
　Bくんはえんぴつのちがいを分析。
　形，芯の堅さなどの材質，滑りやすさなどを比較して，えんぴつに順位をつけていました。
　3カ月後，7分以上かかっていたタイムは2分を切るまでになりました。
　Cさんは，「頭の回転が速すぎて手のスピードが遅れるようになってきた」と課題を分析。
　Dくんは，「どこのあたりに数字を書くと速いとか，えんぴつの持ち方，紙の動かし方など，いろいろ身について楽に書けるようになった」と成果を振り返っていました。
　10マス計算を続けた結果，子どもたちの考え方が変わり，細部にまで意識がいくようになったのです。

## 全員を伸ばすということ

　Eくんは10マス計算について，作文にこう書いていました。
「ぼくは左手なのですごくやりにくいです。いちいち手を軽くあげて，見て書いてのくりかえしで，もうその時間がもったいない」
　左利きの場合，枠に答えを書くときに，その左側にある数字が手で隠れてしまいます。
　Eくんは1つ書くたびに，軽く手を持ち上げて数字を書くという動作をくりかえしていたのです。
　Eくんはこうも書いていました。
「少しだけ無理だなと思ったこともあります。でもあきらめないでやってみても結果は同じでした。本音を言うと，もうすごくイライラしてきて，もうぶちやぶりたかったです」
　なぜこれまで気づかなかったのか。
　Eくんの作文を読んで，愕然としました。タイムに波があることは知っていました。
　でも，子どもの気持ちなんて全然わかってい

> **個の成長が集団に波及！　そのほかの行動にも影響が!!**
>
> 10マス計算にとことんこだわる　→　細部への意識が高まる　→　ていねいに掃除する子が増加

ませんでした。

　個への対応を怠ったために，Eくんを苦悩させてしまったのです。

　その責任を感じるとともに，Eくんが手の動きにまでこだわって取り組んでいたことに驚きました。

　杉渕先生の10マス計算ドリルに左利き用があることは知っていました。

　でも知っているだけで，その意味をまったく理解していませんでした。

　左利き用を必要とする子どもがいる。

　必要とする子が多かろうが少なかろうが，必要とする子がいる以上，それに応えていく。

　そんな温かな心と，徹底した一人ひとりへの対応こそが，全員を伸ばすために必要なのです。

　Eくんと「左利き用」から学びました。

### 成長は波及する

　Fさんは「なんのこれ式！」で急激にタイムを伸ばしました。

　それまでに蓄えた力を爆発させるように，数回続けて記録を更新。

　あっというまにトップに躍り出ました。

　これをきっかけに，10マス計算や「なんのこれ式！」で自己ベストを更新する子が続出。

　クラスは突然，旬を迎えました。

　個の成長が集団へと波及したのです。

　子どもたちが10マス計算で細部にこだわりはじめた頃，掃除でも変化が表れました。

　扉の溝，テレビのリモコン，棚の上……。

　それまで誰もやらなかった場所までていねいに掃除をする子が増えてきました。

　細部への意識の高まりが，ほかの学習や行動へと波及する。

　そんな変化を目の当たりにし，毎日続ける意義は基礎計算力の向上ではなく，むしろそれ以外のところにあるのだと感じました。

　子どもたちは，自分たちが知らなかった境地があることを知り，限界突破をめざしていきました。

　学習に対する姿勢が変化し，知識を知ったところをスタートにして，さらに追究する子が増えてきました。

　学習にゴールはない。

　自分自身，そのことを痛感しました。

### 教師が成長すれば，子どもが伸びる

　ここにあげた子どもたちの成長は，ユニット授業で1つのことを実践し続けたことの成果だと思います。

　成果が出るまで続けること。

　「覚悟と情熱」をもって続けること。

　それが大切だと学びました。

# 3分間でできる
# ―10マス計算で始める少人数クラス算数

駒田 友希　東京都杉並区立方南小学校

## 授業のリズムが変わった

　少人数クラス算数で，10マス計算に取り組んでいます。学年で息を合わせて取り組むことができるようになった最大のポイントは「毎日，短時間」で取り組めることです。授業開始3分間の使い方を大切にすることで，子どもにも教師にも大きな変化があり，手応えを感じながら楽しく取り組んでいます。それでは，これまでの授業とどのように変わったのかご紹介します。

### クラスの説明
A　発展的な内容に取り組むクラス
B　基礎的，基本的な内容を確実に定着させようとするクラス
C　個別指導を必要とするクラス

### 授業のビフォーアフター
ビフォー　のんびり始まる少人数クラス算数
①あいさつ。
子ども「起立」
　　　　「よろしくお願いします」
　　　　「着席」
②教科書，ノートを出させ，今日の学習を確認する。
教　師「教科書とノートを出します」
子ども「はい」
　ノートを書きはじめるころに，集まることもあり，スタートがそろわないことが悩みでした。
アフター　スタートがそろい，目標をもって授業にくる少人数クラス算数
①2分前にプリントを配りはじめる。
　授業が始まる前にプリントを配るので，子どもも早く来て，計算の準備をするようになりました。
②授業開始時刻とともにスタート。集まる時間が早くなり，全クラスのスタートがそろう。
　毎日やることが決まっているので，クラス間の差もなくなり，子どもたちの授業に向かう姿勢が変わりました。

### クラス別の取り組み方
A　発展的な内容に取り組むクラス
　10マス計算を両面印刷したプリントを使います。
①10マス計算スタート
教　師「よーい，始め！」
②10列通しで問題に取り組む。
　終わった子は「はい」と返事をする。
③タイムを右上だけに書き込む。
　1列ずつ書き込むスペースがありますが，書かせていません。
　早く終わった子は，裏面の練習を続けます。
B　基礎的，基本的な内容を確実に定着させようとするクラス
　ユニット集に載っているプリントを使用し，1列ごとに取り組みます。
①10マス計算スタート。教師は10数える。
教　師「よーい始め！　1, 2, 3, 4, 5, 6, 7……」
②子どもは1列問題を解き，終わったら返事をしてタイムを書き込む。
子ども「はい」
③答え合わせをする。
教　師「答えを言います」

子ども「はい」
教　師「3, 5, 0, 1, 2, 4, 8, 6, 9, 7」
子ども　正当数を書き込む。
　これを10列くりかえす。
C　個別指導を必要とするクラス
　子どもの実態を考え，縦の数字をすべて1〜10に書きかえたものを使い，基礎的，基本的な内容を確実に定着させようとするクラスと同様の流れで取り組んでいます。取り組みはじめは自信をつけるために長めに10秒を数えました。

## 楽しく続けられる3つのポイント

### 競争

　家庭学習で100マス計算に取り組んだことがありました。毎日，自分のタイムをグラフに書き込み提出しました。しかし，グラフはほぼ横ばい。授業中だからこそ緊張感，競争意識が生まれることに気づきました。

　また，毎日取り組んでいると，順位が変動します。いつも1番の子どもも安心していられません。時間がかかっていた子どもにとっては毎日リベンジできることが楽しさにつながっているようです。

### 効果が実感できる
### （できるようになっていく自分に出会える）

　タイムを書き込むことで，どのくらい効果が出たのかがわかります。はじめのころより，3分も速くなったという子どももいました。効果が実感できるから続けられるのだと感じました。

### 工夫して取り組む

「答えを書いている間に，次の答えを頭に浮かべるようにしている」
「答えを覚えました」
　同じ取り組みを毎日続けるからこそ，工夫しようという意識が生まれたようです。

## 3段階の目標で，教師も子どもも楽習を

　第1段階（1列，10秒以内に何題できたか）→第2段階（1列，何秒でできたか）→第3段階（10列通し，何秒でできたか），この3段階の目標をもって取り組んでいます。取り組みはじめてから，「自分は思っていたより計算が遅かった」「先に終わった人のタイムを聞くと焦るようになった」「家で練習するようになった」「競争するのが楽しい」「授業に早く行こうと思うようになった」という声が聞かれるようになりました。明確な目標をもつことで，意識が高まり，集中して取り組む力や学習の方法を工夫する力が身についてきました。これからも，楽しく10マス計算を続けていきたいです。

# テストを活かした学習で「わかる」から「できる」へ

小林 信男　群馬県太田市立宝泉小学校

本日「角柱と円柱の体積」の単元テストを行ったら,学級の平均点が94点でした。テストを活かした学習と同様のプリント学習をテスト前にしました。杉渕先生,もう,驚きです!!

あまりにもうれしくて,帰宅後すぐに,杉渕先生へ報告しました。実は前回の「速さ」のテストでも94点で,2回連続94点だったのです。特に驚き,感動したのは,普段学習につまずいている子たちが,平均点に達していたことです。

## テストを活かさない学習

これまでテストは,単に点数から評価を出すための資料だと思っていました。

ですから,テストを子どもたちに返すと,私は主に2つのパターンの指導をしていました。
①ミスが多かったところの解説
「ここは,多くの人がミスをしたところです。説明をするので,よく聞いていましょう」

説明を聞いていない子がいると,「あなたのために,やっているのですよ。ミスをしたあなたのために……」と,怒鳴っていました。
②ミスをしたところのやり直し
「ミスをしたところをもう一度解いたら,先生に見せに来ましょう」

ミスをしたところを見せに来ると,「よくできました。次はまちがえないようにしよう」と,丸をつけました。

そして,数十分すると,「まだ見せてない人は,休み時間に見せに来ましょう」。

この後,新しい単元の学習を始めていました。

結局,学期末のまとめのテストでは,多くの子どもたちが単元テストでミスをしたところを再びミスをしていたのです。

## テストを活かした学習

杉渕先生の講座で,「テストをいかした学習」について知りました。杉渕学級のある子の算数テストの余白には,びっしりと解き方や考え方が書き込まれていました。また,色ペンを使って線や囲みがされていました。まるで,参考書のように。

テストを活用するなんて,これまで考えたことがありませんでした。

【基礎編】
主に2つの段階の指導から始めました。
①テストに書き込みをした手本の紹介

事前に,杉渕学級の書き込みをした算数テストをカラー印刷し,黒板に掲示しておきました。書き込みの例として,キーワード,公式,筆算,囲み,矢印,下線などについて,黒板に書いて説明しました。

その後,採点済みのテストと解答を配りました。

そして,次の指示を出しました。
「問題文のキーワードに,線を引きます」
「式には単位をつけます」
「余白に,解き方や考え方などをとにかく書き込みます」

ある程度書き込みができた子のテストを黒板に張り,それを見せながら工夫点について説明

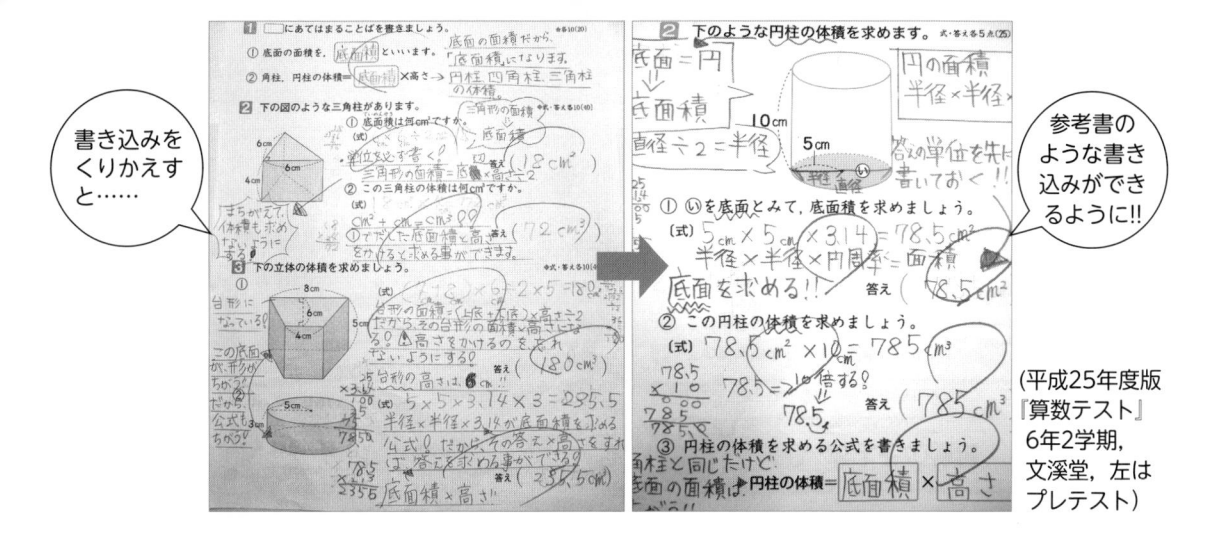

書き込みを
くりかえす
と……

参考書の
ような書き
込みができ
るように!!

(平成25年度版
『算数テスト』
6年2学期,
文溪堂, 左は
プレテスト)

をしました。
「よいと思ったところはマネをしましょう」と声がけをしました。
②口頭で説明するような書き込み
　翌日, 前日のテストを印刷したものを配りました。
　次の指示を出しました。
「表の左側ができたら先生のところへ持って来ます」
「全部○をもらったら, みっちり書き込みをしましょう」
「口で説明するように文章を書きましょう」
　その翌日, 前日と同様に右側を解かせ, 書き込みをさせました。さらに, その翌日も同様に。どの日も算数の授業前半で10分間時間をとりました。
　みっちり書いている子のプリントを学級の掲示板に数日間張っておき, 休み時間などに見ることができるようにしました。
【発展編】
　テストへの書き込みのしかたがわかってくると, みっちり書いて余白を埋めようとする子やほかの人が見てもわかりやすい書き込みをする子が増えてきました。
①練習プリントやドリルに書き込み
　プリントが解けたからといって次々と新しいプリントを配りませんでした。
「つまずいたところやすぐに解けなかったところに書き込みをします」と, 一度解いたプリントの余白に書き込みをさせました。特に単元テスト前は, まとめのプリントにみっちり書き込ませま

した。
②テストの見直しで書き込み
　これまでは見直しをさせるとき,「何度も見直します。筆算ももう一度解いて確認をします」と言っていました。目で問題と答えを追っているだけでの見直しでした。
　現在は,「解き方や考え方が見えるように, 説明しているように書き込みます」と言っています。
　書き込むことにより解き方や考え方が「見える化」でき, ミスが減ってきました。

## 「わかる」から「できる」へ

　テストを活かした学習をくりかえしていくと, 学級の平均点が伸びます。つまり, 学習したことが定着していきます。頭の中で「わかる」ではなく, 書いて表現をすることで「できる」を感じている子どもが増えていきます。
　その事実として, 学期末テストの平均点は95点でした。
　これまでテストをどのように扱うか, 深く考えたことはありませんでした。単に評価テストとして扱っていました。
　テストを活かした学習。
　子どもたちを伸ばすために,「わかる」から「できる」を実感させることができるのです。
　現在, 算数テストだけでなく国語テストや漢字テストでも実践を始めているところです。

# 教師が伸びるユニット授業

菅原 美喜夫　埼玉県上里町立神保原小学校

子どもが楽しむユニット授業。
子どもが伸びるユニット授業。
子どもが変わるユニット授業。
ユニット授業は子どもたちにとってよいことずくめです。
でも，実は，いちばん伸びるのは子どもよりも教師自身です。

## 「何をやるか」だけでなく「どうやるか」も考える

ユニット授業では，一つ一つのユニットで「何をやるか」を決めていきます。
たとえば，国語の授業ならば，開始と同時に読み→書き→暗唱→教科書音読……といった形で流れるように進めていきます。
「何をやるか」決めたら，次に「どうやるか」です。
私は，ユニット授業に取り組むことで，「どうやるか」を細分化して考えるようになりました。
新出漢字の学習を例にして紹介します。

新出漢字を覚えさせます。
市販の漢字ドリルを使用します。
毎日3〜4文字ほど進めていきましょう。
学期の半ばには，新出漢字が終わります。
①指書き
②空書き
③なぞり書き
④写し書き
の順番で進めます。
机の上にドリル以外載せないようにさせます。

ドリルだけに集中させるためです。
指書きは，机のスペースをいっぱいに使って書かせましょう。
指の腹を使って，大きく書かせます。さらに，声に出して，個人で「いち，にー，さん……」と唱えさせるようにします。五感を使った方が記憶の定着が高まるためです。
次には必ず空書きをさせましょう。
正しい書き順で書けているかを教師がチェックするためです。
「起立！」の合図で素早く立たせます。腕を筆のように使わせ，目の前で大きく書かせます。
書き順を張りのある大きな声で「いち！にー！　さん！……」と言わせるようにします。教室内に一体感を生ませるためです。
教師は教室の前か後ろに立ちます。全員が正しい書き順で書けているかを確認するためです。
ここでまちがえる子がいた場合には，もう一度指書きをやらせましょう。一度まちがえて覚えてしまうと，そのままになります。
最初が肝心です。
全員ができるように心がけましょう。
最後に，なぞり書きと写し書きです。
「1ミリもずれないようになぞりなさい」と，声かけをしましょう。ていねいに書かせるためです。
覚えるまではゆっくりでかまいません。
注意すべきなのは，個々によって筆速がちがうということです。
全員が下まで書き終わるのを待つと，早く終わった子がダレます。

## ユニット授業で教師が伸びるわけ

何をやるのかを考える → どうやるのかを考える → さらに細分化して考える → 細部へのこだわりをもつ → 教師としてのチカラがつく

　いちばん遅い子が,「なぞり書き」を終えるまでは待ちます。
　このときに「写し書き」まで終わっている子には,「立腰」を意識させます。
　短い時間であれば,「待つ」ことも学習させるためです。
　このときには教室内を歩き回りましょう。
　そして,子どもにほめ言葉をかけるのです。子どもの肩に手をかけるなどもよい方法です。あるいは,姿勢の悪い子の背中を手のひらで押してあげるのもいいでしょう。
　教師が教室内をゆっくりと巡回しているだけでもかまいません。緊張感を生むために行うのです。
　3,4文字の写し書きまですべて終わった子から,教師のところへ持って来させます。一方通行で教室内を歩かせるようにしておきます。
　丸つけをするページを開いているか。
　教師が丸つけできるように向きを注意しているか。
　「お願いします」のひと言が添えられているか。
　こういった力も,丸つけの場を利用して育てましょう。
　ここでも,スピードに差が生じます。
　早く丸つけが終わった子には,学習した漢字を練習させておくなど,空白の時間を与えないようにします。教室内の緊張感を保つために必要なことです。

### 1つのユニットをユニットで考える

　1つのユニットをさせる際に,必ず教師の指導言などがつきまといます。
　つまり,1つのユニットも,さらに小さいユニットから成り立っているのです。
　それを考えなければならなくなります。
　なぜ,それをやるのか。
　それを考えることで,自分自身の力がついてきました。
　自分自身の伸びに比例するかのように,子どもたちも伸びるようになりました。
　一つ一つは小さなユニット授業の継続が子どもたちに大きな変化をもたらすように,自分自身も細部への意識を大切にこれからも取り組んでいきます。

# 子どもが熱中する漢字指導

関貫 麻理 東京都八王子市立第三小学校

　漢字テスト。やってもやっても点が取れない子がいます。何度再テストをしてもだめ。悪い点数を見るたびに，自信がなくなっていく。そんな姿を目の当たりにし，どうにかしたいと悩んでいました。
　しかし，ちょっとした工夫で，子どもたちの魂に火がつきました。

## 答えを見てOK！

　漢字プリントの横に答えを載せています。
　写すだけなら，漢字が苦手な子でもできます。
　できるようになってきたら，「答えなんかいらない」と，答えの上に大きく×を書く子もいました。
　漢字が苦手で，書くのが遅い子たちがいます。その子たちをよく観察してみました。
　「えーと，次は何だろう」と毎回考えています。毎回答えを探して手が止まっています。
　私はその子たちに，左手で答えを指さしながら漢字を書くようにアドバイスしました。うまくできない子には，はじめは私が答えのところを指さしながら行いました。慣れてくると，答えを毎回見ずに手が進むようになってきました。

## 「1分×5セット」で集中力アップ

　5分を続けてやるのは長く感じます。そこで，1分×5回セットにしてやっています。
　「ストップ。2試合目，よーい，スタート！」
　順番にやっている子は，1分ごとに「ここまでできた」という印の線を引きます。
　「1分間で20問できるようにしよう」「でも間に合わなかったからもう少し急ごう」など，1分でどこまでやるか，ペースを考えながらやっています。
　数秒で頭をフッと切り替え，再び集中して取り組んでいます。

## 毎日くりかえす

　プリントを配っておきます。配られた子から，苦手な漢字に印をつけます。
　教　師「全員起立」
　子ども「漢字テスト始めます」
　全　員「はい！」
　教　師「よーい」（子どもは着席）
　教　師「スタート！」

　毎日くりかえしても，あきることなく続けています。
　最初は「えー，またやるの？」という声が，「やりたい」「よっしゃ，やるぞ！」という声に変わってきました。
　「次はもっと速くできるようにするぞ！」「次はていねいに書くぞ！」「次はあの子よりも速く書くぞ！」と，毎回ドラマがあります。
　子どものやる気に火をつけるために，次の3つのことを意識して取り組んでいます。

### ①作戦会議

　1回終わったあと，どこでつまずいたか，どこで答えを見て書いたか赤えんぴつでチェックします。
〈子どもが考えた作戦〉
・つまずいた漢字からやる（はじめる前に，赤え

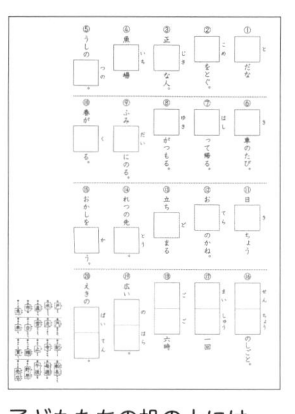

子どもたちの机の上には，左下に答えがある漢字プリント

「よっしゃ！やるぞ!!」
漢字プリントに熱中

んぴつで印をつける）。
・つまずいた漢字の答えに〇をつけてからやる。
・新しく習ったばかりの難しいところからやる。
・紙を半分に折ってからやる（たくさんの問題が一度に見えると混乱するのを防ぐため）。

②ていねい or スピード

　「ていねいに・正確に・速く」書けるのがベスト。

　最初からすべてできないので，最初は「スピード」を意識してやらせました。

　そのうち，ていねいに取り組むか，速くやるか，両方やるか，子どもに意識させながら行いました。

「今の自分はていねいさの時代か，速さの時代か」

「今の自分はガラケーの時代か，iPhoneの時代か」

　速くても字が雑になってきている子がいるので，しばらくは「ていねいに・太く・濃く」書かせるようにしました。子どもの様子を見ながら，どのように取り組んでいくか変えています。

③問題のバリエーション

　最初は，最近習った漢字のみで行っていました。でも，既習漢字は常に復習しないと，どんどん忘れていきます。そこで，問題数を増やしていきました。

・その学年で習った漢字
・前学年で習った漢字

　この2つを総復習させています。

　2学年分だと，5分×2セットで行っています。

たくさんの問題数を集中してこなすことで，スタミナを徐々につけるようにしています。

　学期末の漢字のまとめテスト。ほとんど書けなくてテストが真っ白の状態だった子が，わずか3週間の取り組みで半分書けるようになっていました。

「すごい！　やったー！」

　子どもが伸びると，とってもうれしいです。

　どうやったら漢字が書けるようになるか。そんな思いで始めました。

　何の変哲もないただのプリントも，使い方次第で子どもは熱中します。

「方法に子どもを合わせるのではなく，子どもに合わせて方法を考えていく」

　とっても大切なことだと実感しました。

[5] ユニット授業体験記

# 密度の濃い1日になる

亀井 信也　東京都清瀬市立清瀬第八小学校

## 全力で音読

リーダー「1ぱんっ!!」
　　　　「はいっ!!」
リーダー「ドリルを読みますっ!!」
　　　　「はいっ!!」
リーダー「苦い薬っ!!」
　　　　「苦い薬っ!!」
　2班, 3班と続いていきます。
　前の班が終わると同時に, 声が重なるように次の班がスタートします。自分が声を出していないときも, 心の中で声を出していないと遅れてしまいます。リズムが崩れてしまいます。構えをつくっておくことが大切です。前の班が言い終わらないうちに息を吸っておきます。
　名付けて「苦い薬リレー」(笑)。
　全力の声を出します。
　教室中に響き渡る声です。
　黒板がビリビリふるえます。
　声はエネルギーです。
　子どもたちのエネルギーが教室に充満して, その場にいると元氣が出てきます。
　本当はもっと多く読んでいました。
　しかし, 声量が落ちてしまいました。
　聞いていて氣持ちよくありませんでした。
　一文に集中することにしました。
　「一つだけちょうだい。」
　「一つの花」と同じです。
　一つだけが大切なのです。
　ユニット授業研究会。
　略して「ユニプロ」の例会で発表しました。

「すぐに終わるので, 班で音読→全員で音読, このくりかえしがいいでしょう」とのご指摘をいただきました。
　さてこの後どうなるのでしょうか。
　続きは「ユニプロ」で(笑)。

## 教師もいっしょに音読

　はじめから, 班ではできませんでした。まずは全体で音読です。声を出す楽しさ, 声をそろえる楽しさを感じられるようにします。
　教師が全力で音読します。教師が手を抜いていては, 子どもがやるはずがありません。「やれっ!!」で子どもがやれるのは, 人間関係がしっかりできてからです。子どもが育ってきてからです。
　はじめは特にていねいにやります。
教　師「アラビアの商人」
子ども「アラビアの商人」
　ここだけでも, 全員が全力で読むのは難しいです。やっているふりの子がいます。
　やり直します。
　男女別で読む。
　班ごとに読む。
　個別に指名して読む。
　集中せざるを得なくします。
　教師の熱が子どもに伝わります。
　いっしょに声を出していると, 教師も元氣になってきます。
　教師の声の大きさ, 読み方が基準になります。少しずつ, 少しずつやります。半歩先を積み重ねます。

## 全員が全力で音読するまで

教師もいっしょに全員で → 男女別・班ごと・個別指名で集中 → 教師も元氣になる → 子どもも楽しく音読！

しかし「これぐらいやれよっ!!」と思ってしまいます。早く成果を出したくなります。焦ってしまいます。自分が認められたいと思ってしまいます。

こういうときこそ，教師もいっしょに音読です。教師が楽しむと，子どもも楽しくできます。余計なことを考えなくてすみます。

## 毎日続けると

毎日やると子どもの変化が感じられます。
立つのが速くなった。
姿勢がよくなった。
表情がよくなった。
声が出てきた。
見つけた子どもの伸びを認めます。
一生懸命にやろうとしていることを認めます。
小さな成功体験を積み重ねます。
一度しかやらないと，失敗で終わってしまうことがあります。だから続けます。伸びを感じると子どもはいやがりません。
　返事
　立つ，腰を下ろす
　声を出す
　切り替えのスピード
できていないときは，やり直します。
立つのが速くなるだけで，雰囲気が引き締まります。
できている子をほめます。認めます。
1人ずつできる子を増やしていきます。

## 声を出すことで

素直な子どもたちは，まるかバツしかありません。おもしろければノリノリです。つまらなければ，グダグダです。

教師の指導がよいか，よくないかがすぐにわかります。おもしろいです。鍛えられます。

お調子者でエネルギーがありあまっている子もいます。静かにすることは苦手です。しかし，パワーはものすごいです。声を出すことで，そのエネルギーを発散することができます。

あまり叱らずに，こちらのペースに乗せることができます。きちんとやっている子も叱られているのを見てばかりでは，氣分がめいってしまいます。ほめて，認めて，笑いながら自然と声が出ている感じです。

おとなしい子も，最初はあまりやらない子も，まわりがやっていると自然とやれるようになってきます。声を出さない子に直球勝負ばかりではうまくいきません。

すぐにできたら，教師はいりません。時には変化球が有効です。ユーモアが大切です。子どもをいじることでエネルギーが出てきます。

現状45分子どもたちを集中させることはできていません。学芸会の練習や専科の授業など，子どもたちの弱さが感じられる場面がまだまだあります。だからこそ，音読で集中する時間を積み重ねています。

濃密な時間をつくり，集中することの心地よさを子どもが感じられたときに，1日がより密度の濃い時間になると思います。

そうなることをめざし，日々実践しています。

# 「ユニット授業」をもっと速く，テンポよく！

髙木 義将 愛知県公立小学校

　私は3年ほど前から，ユニット授業に取り組んでいます。ユニット授業を続けて，授業のテンポとリズムを，とても意識するようになりました。

　ユニット授業を始めたばかりの過去の授業映像と，現在の映像を比べてみると，授業のテンポやリズムが大きくちがうことに気づきました。

## プリントの"速達"

### 朝一番に配ってしまう

　たとえば，プリントを配る時間。このわずかな時間に子どもたちは崩れてしまうことを発見しました。映像に撮るとよくわかります。姿勢が悪くなる子，おしゃべりを始める子……。授業中に「空白の時間」ができてしまうのです。

　そこで，その日に使うプリント類は，朝一番にすべて配ってしまうことにしました。100円ショップで買ったクリアファイルを子どもたちに渡し，その中に名前を書いてしまわせました。これで，次の活動に移るのが速くなりました。

### 班長が配付・回収する

　どうしても，授業の途中で配らなくてはいけないプリントがあるときは，班長を決めて，その子に取りに来させることにしました。

教　師「班長集合」
子ども「3班です。4枚ください！」

　「ありがとうございます！」という言葉がない子には，渡しません（笑）。礼儀作法もしっかりとここで教えることにしました。

　素早く机に戻り，班の友だちに「どうぞ」と言って渡すように指導もしました。プリントの回収も同じです。授業中に何度もプリントを回収していると，せっかくのテンポやリズムが崩れ，子どもがダレてしまいます。プリントの回収はなるべく少ない回数にして，極力授業の最後にすると，授業のテンポが崩れません。いちばん後ろの列の子どもに集めさせるよりも，やはり班長が回収した方が速いと思います。

## パッと立つ！

### 教師が秒数をカウント

　「班学」や音読をするときには，パッと素早く起立するように指導しました。

教　師「全員，起立！」
子ども「ハイッ」

　2秒で立つように指導します。
「イチ，ニ！」
　はじめのうちは，号令をかけたら，私が秒数をカウントすることにしました。

### 起立だけを班で練習

　休み明けの日など，子どもたちの状態が悪いときがあります。なんとなくダラダラしている。教室の空気がよどんでいる。

　そんなときは，起立だけを班ごとにやらせるようにしました。班ごとにやると，みんなに見られているので，緊張感が出ます。

　パッと立って姿勢を維持する。

　たったこれだけのことですが，できない子がいます。私が見本を見せました。

・背もたれを使って座っていては，素早く立てないこと。

・立つときは，少しだけ両足を前後にずらすと立ちやすいこと。

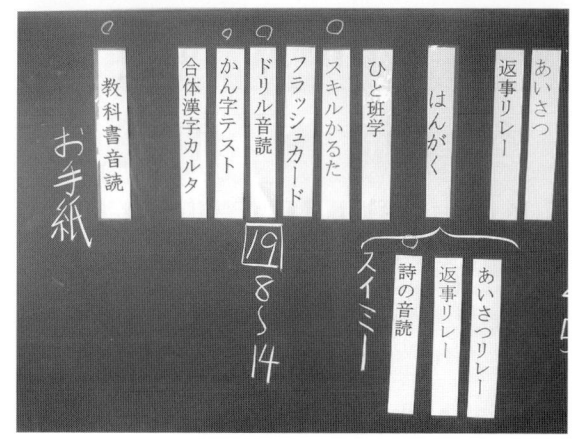

ユニットの短冊を張った黒板で準備万端！　　「ワンプレート教材」のつくり方

・立ったらフラフラしないで両足をぴったり床にくっつけること。

などを指導しました。

　焦らないで1つずつ。教えてやらせる，教えてやらせるのくりかえしを意識しました。素早く立つことが習慣化するまで続けました。

## 待たない

　活動スピードに個人差が出て，なかなかそろわないことがあります。たとえば，教科書を出すだけに手間取る子がいます。その子を待っていると，早く出した子たちがダレてしまいます。「早い人は，立って8ページを音読練習！」と指示を出し，早い子から活動させるようにしました。そうしているうちに，手間取っている子をさっと手助けしてあげます。

　漢字プリントや10マス計算をやるときも同じです。「名前が書いてある子から始めていいよ」と言って，すぐに始めさせてしまいます。まだ名前を書けていない子を待ちません。待つと，そのほかの子たちがダレてしまうからです。

　あらかじめ準備をすることを指導します。心配な子には，事前に声かけしたり，準備を手伝ったりするとよいと思います。

## 見通しをもって行動する

　子どもに授業の見通しをもたせ，次の学習に素早く移らせるため，授業で行うユニットを書いた短冊を黒板に張っておくようにしました。ラミネート加工してから後ろにマグネットシートを貼ると，くりかえし使えて便利です。次に何をするのか，目で見てわかるので，子どもはすぐに次の学習に移れます。

　プリントやドリルなどの用意が必要なユニットには，黄色のチョークで丸をつけ，あらかじめ準備をするようにしました。

## 教材は1枚に凝縮

　「ワンプレート教材」も，ユニット授業の高速化に効果的だと思いました。「ワンプレート教材」とは，継続して音読練習したい教材をいくつか選び，1枚のプリントにまとめて印刷したものです。杉渕先生がいつも準備されている講座資料を参考にしました。

　これを子どもたちの机上に準備させます。教科書を開いてめくる時間がかかりません。次の詩の音読にパッと入れます。すべての詩の漢字に，ルビを振ることも可能です。

　特に，友だち同士で「班学」を行う際に効果的だと感じました。

## 焦らない

　ユニット授業を続けて気づいたことがあります。それは，授業をテンポよく行うということは，けっして教師が慌ただしく動きまわることではないということです。子どもの動線を考え，授業の構成を事前によく練ることが，ユニット授業をもっと速く，テンポのよいものにします。

　私は，杉渕先生やユニプロの先輩に，「微差は大差」ということを教えていただきました。ほんのわずかなことが，ユニット授業を大きく変えます。

# ユニット授業に出会って
# 大きく変わった自分，子どもたち

渡辺 志穂　東京都調布市立若葉小学校

[ユニット授業に出会う前]
**その日暮らし，その場しのぎの授業づくり・学級づくり**

「先生，あんまり笑わなかったね。きんちょうしていたのかな」

はじめて担任した子どもが最後にくれた手紙に書いてあった言葉。自分にそんなつもりはありませんでした。思いもしない言葉にショックでした。

はじめの6年間。自分なりに必死でした。本をたくさん読んだし，インターネットなどで情報収集しました。そして，日々の授業をしていました。

毎日必死でしたが，その日暮らしの授業づくり，学級づくり。

その間，5・6年生を2回担任しました。やはり，その日暮らしの授業づくり，学級づくりでは，子どもの心は離れてしまいました。今考えれば，当然の結果だとわかります。でも，当時はそれが精いっぱいだと思っていました。苦しい日々がありました。

[ユニット授業に挑戦]
**まず挑戦！　試行錯誤の楽しい授業づくり・学級づくり**

教師になって7年目，杉渕先生の実践との衝撃的な出会い。子どもたちを伸ばすことにとことんこだわった実践。圧倒的な実践。自分のやり方では，とうてい追いつけない杉渕学級の子どもたちの姿。なぜ，ここまで伸びるのか。

そこで，「ユニット授業」という考えを知りました。45分間という概念にとらわれない考え方。目の前の子どもたちに合っていると感じ，早速，自分なりにユニット授業を取り入れていきました。

今の授業は，こんな感じです。

授業のはじまりから，子どもたちがリードします。

子ども「起立。お願いします」
子ども全員・教師「お願いします」
子ども「漢字部首カルタをやります」
子ども全員「はい」
教　師「まだれ」
子ども「はい」

となり同士で，漢字部首の表を見て，カルタのように見つけた部首に手を置きます。

教　師「やまいだれ」

同じようにして，全部で部首を3つほど言います。

子ども「二十人一首をやります」
子ども全員「はい」
教　師「はるすぎて　なつきにけらし　しろたへの……」
子ども「はい」

漢字部首同様，となり同士で，二十人一首の取り札表を見て，カルタのように手を置きます。

こんなふうにスムーズな授業のスタート。同じことを少しずつ毎日くりかえすので，できない子もやり方のコツをつかんで，だんだんできるよう

# 取り出し簡単，使い方もいろいろ
# 楽しく工夫できる
# 漢字部首一覧表

〈いろいろなやり方〉
○一人一人で，先生が言った部首を押さえる。
○ペアになって，先生が言った部首を押さえる。
　早い人が勝ち。

| 漢字 | | | |
|---|---|---|---|
| 部首 | | | |
| 阝 | 辶 | 艹 | |
| 氵 | 竹 | 口 | 𧾷 |
| 門 | 灬 | 攵 | 广 |
| 彳 | 宀 | 疒 | 冂 |

になります。できるようになると，だんだん自分からやりたくなります。

## ユニット授業のお助けアイテム・一覧表

　このユニット授業を進めていく際，役立つのが，一覧表です。
　国語では，漢字部首一覧表や二十人一首の取り札，暗唱用の詩など。
　算数では，数字カードや九九表。
　社会では，日本地図や地図記号などさまざまな一覧表が作れます。
　B4判の用紙の大きさで印刷します。
　それぞれの一覧表は，画用紙に貼って1冊のファイルにまとめます。
　お道具箱に入れておけば，いつでも取り出し，すぐにユニット授業ができます。
・先生の言ったものを押さえる。［個人］
・先生の言ったものをペアでカルタのように競争して押さえる。［ペア］
など使い方も子どもたちに合わせて工夫できます。
　いつでもこの一覧表を出せば，さっとユニット授業に取り組めます。すきま時間も活用できます。

## ［ユニット授業に出会って］
## 子どもも教師も楽しめる　授業づくり・学級づくり

「授業が楽しかったです」
「国語のはじめの勉強がおもしろかったです」
「声が出るようになりました」
「あいさつリレーはみんなが元気になる魔法です」
　先日，産休に入るときに，クラスの子どもたちが手紙をくれました。そこには，たくさんのユニット授業についての感想がありました。どの子も前向きな思いをつづってくれていました。子どもたちも楽しんでいたことを改めて感じました。
　そして，何よりも変わったのは，私自身です。
　ユニット授業で体験した心地いいリズム，子どもたちのやる気あふれる顔，楽しむ笑顔，そして子どもたちの変化，成長。私たち教師も毎日，発見があります。
　その場しのぎ，その日暮らしの授業づくり・学級づくりからの脱出。
　まだまだ，これから学んで，もっと子どもたちの成長する授業づくり・学級づくりをしていきたいとやる気になれた自分。これからもユニット授業を楽しんでいきたいと思います。

# 全員発言が書く力に波及!

宮澤 明　東京都台東区立浅草小学校

### ある日突然

ユニット授業を続けていたら，ある日びっくりするようなことが起きました。

学習していないことが，できるようになっているのです。

それはまさに「波及効果」でした。

### 3つのユニット

学級では3つのユニット授業を中心に，取り組んでいます。

①あいさつや返事
②基礎学習（音読，漢字，計算など）
③発言（話し合い）

です。

あいさつや返事のユニットは，1日のスタートダッシュに最適です。毎日続けていると習慣になって，子どもたちは進んで取り組むようになります。

基礎学習では，班単位での活動も取り入れて，「大きな声を出すこと」や「切り替えの素早さ」を重点的にやっています。

また10マス計算や漢字練習で，基礎学力をつけ，短時間の集中力も高めています。

発言（話し合い）のユニットは，国・算・理・社はもちろん体育，総合的な学習の時間など，すべての学習で行います。

### 一にも二にも，とにかく発言

発言を大切にするのは，ユニット授業に限ったことではありません。

ちがいは，
・1回5分（または3分）と時間を区切って行う。
・必ず全員が発言する。
ということです。

「全員が発言」ということに取り組んでから，
・とにかく全員が発言したくなるようにする。
・1回5分（または3分）でたくさん発言できるようになる。
ことに，力を入れました。

それには，一文解釈のユニットが，とても効果的でした。一文解釈を使うと，まさに全員が，一斉に発言しようとします。

そこで身につけた全員発言を，ほかの教科や場面に広げていきました。

さらに，2番目の発言を引き出す教師の「ツッコミ」の入れ方，発言の整理のしかた，ほかの人の発言を聞いて，つなげたり，ひろげたりすることに，全力で取り組みました。

### 書くことは大丈夫か？

しかし，発言に力を入れていたため，書くことはほとんどできませんでした。

発言のあと，ノートに書けばよいのですが，話し合いが乗ってくると，「チャンス」と思って突き進むので，何も書かずに授業が終わることが大半で，ノートはほとんど使っていませんでした。

発言ができるようになる一方で，「書く力が育っていないのではないか」という心配が，いつも頭の中にありました。

それでも，「あれもこれもやろうとすると，全

大きな声で教科書音読

5分間で全員発言！

部だめになる」ということを肝に銘じて、発言に徹していました。まずはひとつのことが、きちんとできるようになること。その一点突破にかけていたのです。

11月に入ってようやく全員発言が学級に空気のように満ちてきたのを感じました。スピードも次第に上がってきました。

## これが波及効果？

2学期も終わりに近づいた頃、絵を見て物語をつくる学習がありました。書くことに取り組んでいなかった私は、「やっていないのだから書けるはずはない」と考え、ノート1枚を目標に、とにかく3分間書き続けることを課題にしました。

ところが、はじまったとたん、子どもたちの手が止まらないのです。1枚どころか3枚、5枚、10枚、多い子では20枚も書き続けています。子どもたちのリクエストで、3分間の延長を次々に重ねていきました。

えんぴつの音だけが響く教室で、気がつくとあっという間に40分が過ぎていました。

基礎的なユニットだと集中力が持続しない子も、夢中で書いています。まるできつねにつままれた思いでした。

ひとつのことができるようになると、ほかのことに「波及する」はじめての体験でした。

子どもたちが書いているときに、気づいたことがあります。

どんどん書き続けているときでも、「習った漢字は使いなさい」とか「段落をつくりなさい」「字をきれいに書きなさい」などと言ったとたんに、書けなくなってしまうのです。

最初にノートを見せに来た子に、つい言ってしまってからはっとして、あわてて取り消しました。

細かいことよりも、作文にツッコミを入れる。するとそこから考えが広がり、またどんどん書き続ける。考えてみるとこれは、発言を引き出すときと、同じ方法でした。

「一度にできることはひとつだけ」ということを、改めて感じました。

今では「書いた文を漢字に変換すること」や「ていねいに字を書くこと」は、別のユニット授業でやっています。

## ユニット授業の波及効果

思ってもみなかった波及効果。ユニット授業で、集中して取り組んだ成果だと思います。

何かひとつのことをやりきることが、大きな力になる。そのためにユニット授業は、とても優れた方法だと感じました。

これからも、ひとつずつできることを増やしていきたいと思います。

学級の保護者から、「あのときは驚きました。家に帰ってからも、ずっと作文を書いたのです」との話を聞きました。

それを聞いて、さらにびっくりしたのでした。

# 今日も，楽しい学校が始まる！

金沢 祐美　東京都公立小学校

　2学期の途中から，あるクラスの担任をすることになりました。担任する前の週に，子どもたちに会い，2日間，授業を参観することになりました。

## 12月のある日
　子どもたちの名前を覚えるために，子どもたちの顔が見えるところに立ち，授業を参観しました。手のあげ方，声の大きさ，聴いているときの態度などを見ました。給食の配り方や休み時間の様子，教室移動の様子なども見ました。

## 次の日
　午前7時半に，学校に着き，教室の床や黒板をきれいにしました。私は教室で，子どもたちを待ちました。午前8時を過ぎた頃，チャイムが鳴り，子どもたちが階段を上がってくる音が，聞こえてきます。入り口へ来たその瞬間，私が大きな声を出しました。
　「おはようございます！」
　子どもたちに，パワーを送る氣持ちで，言いました。子どもたちは，一瞬，後ろにのけぞっていました。子どもたちの心の声は，（この先生，声がデカいなぁ）（あぁ，びっくりしたぁ）でしょうか。あいさつをせずに，通りすぎていく子たちもいます。子どもたちが来るたびに，私は元氣よくあいさつしていきました。
　前日に，クラスの子どもたちと出会い，「エネルギーをもっと引き出したいなぁ」「さっと集中し，全力になれるスイッチを見つけたいなぁ」と感じました。それから，朝，8時少し前から教室にいることにしました。教師が，先手を打つためです。教室の入り口を，あいさつの場にするためです。言い換えれば，エネルギーを出す場にするためです。
　自分のクラスの子に全力であいさつをしました。
　「○○くん（さん），おはようございます！」
　ほかの学年の子どもが通ったときも，全力であいさつをしました。
　廊下に，あいさつの声が響きました。最初は，その声は教師の声だけかもしれません。しかし，いつか教師と子ども，両者の声が響く日が来ます。その日が来るのを楽しみにしながら，あいさつをしました。

## その次の日
　7時半頃に学校に着き，教室へ行き，少しだけ窓を開けて，換気しました。8時を過ぎ，子どもたちが階段を上ってきます。私は昨日と同様に，教室で子どもたちが来るのを待っていました。
　入り口に子どもが来た瞬間に，大きな声で「おはようございます」とあいさつをしました。
　まだ声の小さい子たちが，多かったです。時々，声を出す子もいました。朝，となりのクラスだという子が入り口付近を行ったり来たりしていました。
　「おはようございます」と返してくれました。
　私も楽しみながら，あいさつをしました。
　朝，教室の入り口であいさつをすること。それが，当たり前になってくるまで続けるといいと思います。まずは，1日だけのつもりで行います。次

## 個の力が上がる！ 教室がやる氣にあふれる!!

ある子の声が出てくるようになる → 教室中が声のエネルギーでいっぱいに → どの子も元氣いっぱいに

は，3日です。その次は，5日です。少しずつ増やしていきます。

1週間続けていくと，だんだんと子どもたちもわかってくるようです。教室の入り口がスイッチを入れる場所（入り口）なのだと。

朝の教室の入り口でのあいさつ。それは，あいさつリレーの前段階だと思います。朝のその瞬間から，その日の始まりを意識することができます。まずは，教師と子どもをつなぐその瞬間をつくっていきます。

たとえば，心の中で競争してみてもいいと思います。「教師と子ども，どちらが先に早くあいさつできるかな」と。

制限時間を決めて，行うのもいいと思います。「今日は，5分間だけやろう」と。

自分だけのルールにするのも，いいと思います。「今日は，10人にあいさつしたら，第1ステージをクリアだ」と。

### あいさつリレー

あいさつリレーは，子ども同士をつなぐ場・空間です。あいさつリレーは，1人でも止まると，それは未完成です。一人ひとりのやる氣をつないでいくリレーにしていきましょう。

そのために，声を出す子は誰か，出さない子は誰かをまず，把握します。短時間なので，毎日でき，30人あいさつしても，1分以内でできます。毎日続けていると，声を出す子と出さない子が，わかってきます。

声を出さない子は，いつだったら，声を出しているのかを観察してみます。休み時間は，大声を出しているのかもしれません。親しい子とのおしゃべりでは，声を出しているのかもしれないですね。

声が小さくても，声を出そうとしている子をほめていきます。1列ずつあいさつリレーをさせてみます。その後，「○○くん（さん），声を出そうとしていますね」「声が出てきましたね」「やる氣がありますね」と，よさをほめると，だんだんと子どもたちの声が出てくるようになってきました。

教室の入り口でのあいさつで，元氣なあいさつをしている子がいますね。その子に見本としてあいさつをさせます。

教　師「○○くん（さん）」
子ども「はいっ！」
教　師「元氣100%のあいさつをしてみてください」
子ども「はいっ！　おはようございます！」
教　師「○○くん（さん），声が響いていますね」

声を出すとはこのぐらい出すということがわかります。

普段，声を出すことに慣れていない子たちもいると思います。授業の中で声を出す機会をつくっていきましょう。私は教科書の音読を全員で行ったり，班で行ったり，1人ずつ行ったりしました。

声を出すことを続け，自信をもつようになり，表情も明るくなっていきました。

「今日も，学校へ来てよかった」

そう思える子どもたちを，これからも増やしていきたいです。

[5] ユニット授業体験記　135

# 授業が楽しくなる！

五十嵐 友一　東京都公立小学校

ユニット授業を始めて約3カ月。次のようなアンケートをとりました。

授業は楽しくできましたか？
・とても楽しくできた。　　26人
・楽しくできた。　　　　　5人

私は教師を始めて3年目です。お世辞にも授業がうまいとはいえません。しかし，子どもは授業を楽しいと感じています。

ユニット授業を始める前は，授業中にあくびをする子がいたり，準備していない子や集中していない子を注意したりする場面が多くありました。

しかし，ユニット授業を始めると，それがあきらかに変わりました。子どもの表情がイキイキしてくるのがわかります。準備は自分たちで進んでするようになり，私が子どもたちを注意する回数が減りました。子どもたちがここまで変化した要因は，ユニット授業に隠されています。

## スタートダッシュが切れる

多くの授業を見せていただくと，授業が始まるまでにとても時間がかかります。あいさつからはじまり，教師が前説を始めるなど……。実際私もそのようにしていました。多くの先生がそのようにしていたので，それが当たり前だと思っていたからです。

しかし，これでは授業内容がよっぽど魅力的でないかぎりだれてしまいます。特に私のような発展途上の教師ではそれが顕著に出ます。サーフィンでたとえると，チャイムがなっていい波がきているのに，それをみすみす見逃している感じです。波が去ったあとに板に乗ったところで，ただ海に倒れるだけ。波を逃してもいいスタートを切れるような先生は，きっと強力なエンジンを積んでいるのでしょう。

チャイムのあと，すぐにスタートできるように取り組んだことは授業始まりに取り組むことの固定化です。つまり毎回同じことをくりかえし行っているということです。子どもは最初に何をするかわかっていますから，始まる前に準備をします。休み時間に準備をしているから，いつでもスタートの切れる状態になっているのです。やることがわかっていても準備をしない子がいましたが，その子は放っておきました。そういう子を待っていると，いい波が通り過ぎてしまうからです。

毎回同じことを行っているので途中からでも加わることが容易ですし，もしその学習に取り組まなくても置いていかれることはありません。準備する子が多くなってくると，その子も危機感を感じてか，徐々に行うようになりました。

私はあいさつから授業の内容に入るまで，なるべく3秒を切ることを意識しています。それだけでいいリズムが生まれ，そのリズムで授業の中盤くらいまでは引っぱることができると思います。スタートダッシュを意識しただけで，授業の流れは大きく変わりました。

## 子どもがあくびをしなくなる

一般的な授業は45分に1つのめあてが存在しますが，ユニット授業では複数のめあてが存在

## ユニット授業の45分

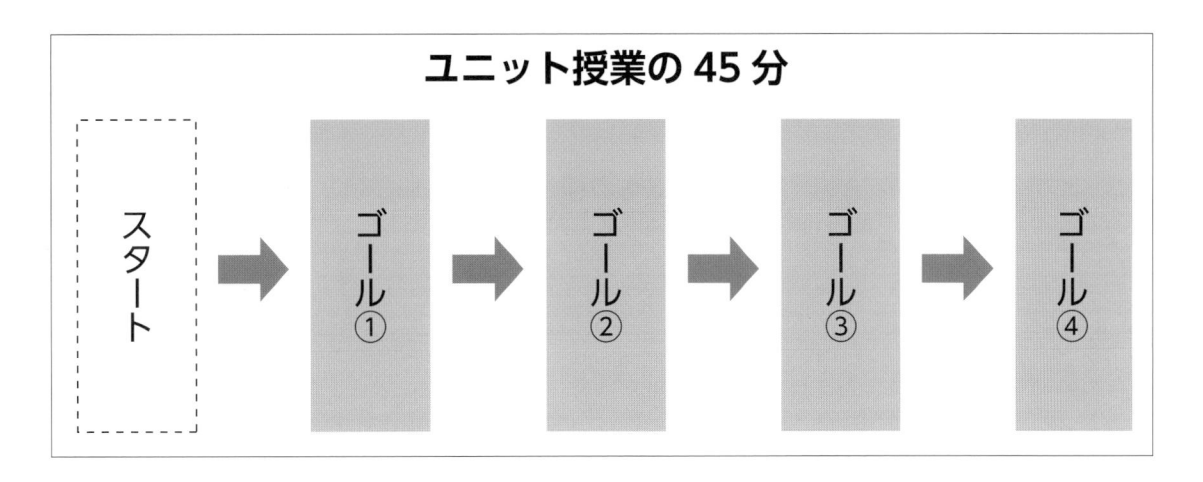

スタート → ゴール① → ゴール② → ゴール③ → ゴール④

します。つまり、ゴールゲートがいくつも存在しているということです。ゴールが遠くに存在するより、すぐ近くにある方が誰でもやる気がでてきますよね。フルマラソンにはゴールが42キロ先にあるため、素人が走りだしたら、目標までの到達が果てしなく遠くに感じてしまいます。しかし、1キロごとにゴールがあるとしたらどうでしょう。ちょっとがんばれる気がしませんか？

ユニット授業はいくつかのパーツを組み合わせて45分を形成するため、45分に達するまでにいくつものゴールゲートをくぐり抜けます。子どもにとってはテレビゲームの感覚に近いのかもしれません。第1ステージで1ポイント獲得し、第2ステージでも1ポイント獲得する。そして最後のステージでラスボスに勝利！ これを授業に置き換えると、各ステージのポイントが各パーツのめあてです。ラスボスが最後のパーツ、つまり45分に達する段階です。目標が見えるからがんばれる。集中できる。私のクラスではあくびをする子が減りました。

### 無意識にリズムやテンポが生まれる

よく「授業はリズムとテンポが大事」という話を聞きますが、じゃあ具体的にはどうすればいいの？ と思っていました。テンポをつくるためにはいろいろな要素があると思いますが、ユニット授業を行うだけでも、生まれてくるものがあると感じます。感覚的なものですが、一般的な授業を手拍子1回でたとえるなら、ユニット授業はいくつかの手拍子で構成されています。授業をイメージしながら、手拍子をしてみてください。なにかリズミカルに進んでいるような気がしますよね。実際に授業を行っていて、そのような感覚が生まれました。パーツの切り替えで、次のリズムが生まれ、また次の切り替えでリズムが生まれ……。このリズムは私自身が感じているものですが、きっと子どもも似たようなものを感じているのではないかと思います。

テレビ番組を見ると、とてもテンポよく進んでいきます。テンポがいいからあきない。自然と集中して見入ってしまいます。授業でも、おもしろいネタや子どもを引き付ける材料なども大事ですが、リズムやテンポでも十分に引き付けることができると思います。ユニット授業には、その要素が多く含まれていると実感しました。

ユニット授業に出会い、多くの変化がありました。変わったことは子どもたちの動き、表情などさまざまありますが、いちばんは私自身だと思います。授業をするのがとても楽しくなりました。子どもが楽しんで取り組んでいる姿、イキイキした表情を見ていると、「次の授業ではさらに上を」と考えるようになります。

教師を始めてからいろいろな迷いが多くありましたが、ユニット授業研究会に出会い、ようやく学びのスタートラインに立てた気がしています。今は半人前ですが、これからまちがいなく力をつけることができるという確信があります。授業に迷われている先生がいらっしゃったら、ぜひおすすめしたいです。

# 教師修業入門以前

津浦 和幸 東京都公立小学校

　大学生のときからさまざまなサークルに行って勉強をしていました。教師になってからは幅を広げて，さらに多くの団体，サークルで学ぶようになりました。私はまわりと比べて勉強していると思いあがっていました。

　3年目のことです。今まででいちばん手ごわい子どもたちを受けもちました。今までの私の指導が通じませんでした。

　さらに学びました。本を読みました。いろいろな実践を行いました。まったくと言っていいほど効果が実感できませんでした。そして私は何をやっていいかわからなくなりました。頭が混乱していました。選択肢がありすぎました。さまざまな実践を中途半端に行っていました。どの実践も最初はいいのですが，やり続けようとするとダメになりました。

　2学期が始まり，学級が本当に落ち着かなくなりました。1学期と比べてもエネルギーが出ていない状態です。ダラダラとした雰囲気がクラスに充満していました。トラブルも増えました。子どもたちが力を発揮しなくなっている現状に，私は自分の力のなさを実感しました。

　私はユニプロの門を叩きました。以前見たダブル講座での私より若い先生方の学級の映像が忘れられなかったからです。子どもたちの輝く目。やる気に満ちた学級の雰囲気。楽しそうな先生方の表情。あんな学級を作りたいと思いました。私も日々わくわくして学校に行きたいと思いました。

　サークルに参加しました。ユニプロのみなさんのリズム・テンポのよさ，学級のエネルギーに圧倒されました。そしてなによりも子どもの目が輝いていました。そして，杉渕先生から軸を1本にしないと力は伸びないことを教わりました。
「たくさんの実践に手を出しても中途半端で終わってしまう。1つだけでも成果の出るまでやり続けることが大切である」とおっしゃっていました。納得しました。自分のことだと思いました。

　私はこのままではいけないと思いました。正直，ほかの実践にも心は引かれていました。ほかのサークルで学ぶことも魅力的に見えました。なぜならほかのサークルに行けば，ほめてもらえました。居心地がよく，自分はできる人間なんだと思うことができました。ユニプロではなかなかほめてもらえません（笑）。みなさんからもバシバシ斬られます。でも，ユニプロで学んだら本当に力が伸びると感じました。

　ほかのサークルすべてから身を引きました。ユニプロで「やる気がある子をほめる。認める。立たせてお手本をさせる」「無駄を省く」などを教えていただきました。1カ月実践しました。私が変わりました。すると子どもも少し変わりました。

　突破口はあいさつにしようと決めました。子どもに言っていることはできるだけやるようにしました。私自身，大きな声であいさつを続けました。子どもより先にあいさつをするようにしました。子どもの名前を呼んであいさつをするように意識しました。全員にあいさつできるように意識しました。朝学習の時間にもあいさつの時間をとりました。やる気のある子を立たせて，お手本にしました。前に出してあいさつをさせました。だ

## やる気のある子に活躍の場を！
## ほかの子どももどんどんやる気に！

やる気のある子をどんどん活躍させる → やる気のある子が増加！ → 教師も子どももやればできる！を実感

んだん大きな声が出るようになりました。すきま時間がないように指示を短くしました。あらかじめプリントを配っておくようにしました。自分の指導をビデオに撮って，放課後，見直すようにしました。叱っていることでリズムが崩れていることがわかりました。叱ることよりも，できている子を立たせ，お手本をさせるようにしました。今まで目立たなかった子も大きな声であいさつや返事ができるようになってきました。学級のエネルギーが高まってくるのがわかりました。

1カ月後にアドバイスをいただき，もう1カ月実践しました。今まで何をやっても声を出さなかった子が大きな声であいさつをするようになりました。大きな声で返事ができるようになりました。自分でビデオを見比べてもわかるようなちがいが出てきました。

10マス計算の記録も飛躍的に伸びました。1分間で100問。最初は1人も終わりませんでした。1カ月たつと10人以上が1分を切れるようになりました。自分の伸びを実感した子どもたちがさらに集中しました。10マス計算のえんぴつの音が変わりました。

子どもは相変わらず落ち着きません。しかし，私自身今まで味わったことがない「よし！」という実感を得ました。確実に子どもが伸びていることを実感しました。

ユニプロでは授業に関してのアドバイスもたくさんいただきました。しかし，何よりも技術の裏にある「子どもを伸ばす」という強い想いの大切さを学びました。この想いがあるから子どもが伸びるのだと感じました。技術や方法ももちろん大切だと思います。しかし，想いがなければそれは教師として子どもにうそをついていることになってしまいます。

私はまわりの先生に気に入られること，先生方からの評価を高めること，形を整えてまわりからよく見られること，まわりと比べてがんばっていると思われること，こういうことばかり考えている自分に気づきました。そちらの方向に進めば進むほど，子どもが離れていくことを感じました。

私は本当に「子どもを伸ばす」ことを考えているか。子どもに言ったことを私自身行っているか。まわりを見て形だけを整えようとしていないか。子どもを本当に愛しているか。愛情を注いでいるか。本当に愛情を注ぐとはどういうことか。自分自身の弱い部分に向き合えるか。ユニット授業を実践していくなかでこんなことを考えるようになりました。

教師として「子どもを伸ばす」ことは当たり前のことだと思っていました。しかし，私はその当たり前すらできていないことに気づきました。まわりの目を気にして，形だけを整えようとしていました。

まわりになんと言われようと，「子どもを伸ばす」ことに集中する信念。教師修業入門以前の心構えを学びました。

「子どもを伸ばす」ために，いっしょに教師修業入門以前を始めませんか。

# ユニット授業が中学を救う

本田 大輔 東京都葛飾区立葛美中学校

## ユニット授業との出会い

　私がユニット授業と出会ったのは大学生の頃，今から7年前でした。予備校で高校生を教えていたとき，基本的な学力が身についていない生徒がいました。その子をどうにかしないと……と悩んでいたときに出会ったのが杉渕先生でした。杉渕先生のユニット授業にはただただ圧倒されました。子どもたちのエネルギー，やる気，スピード，集中力，声の美しさ，そして教室全体が一体となるパワーに私は魅了されたのです。
「こんなことが教育で可能なのか」
　私の人生は杉渕先生と出会って方向転換を余儀なくされました。予備校の先生になって生徒の学力をあげるという目標から，学校の先生になって子どもを伸ばすという志へと私の夢は変わりました。
　現在，私は中学校で英語を教えています（5年目）。杉渕先生に学ばれている中学校の先生はほとんどいません。しかし私は中学校の先生こそ，ユニット授業を学ぶべきだと強く思っています。そう考えるのには，毎年私が強烈な経験をしているからです。

## 中学校の現状 ── 土台なしスパイラル

　中学校に入学して間もなく，区の学力調査が行われます。その学力調査の結果，「基本的な学力が身についていない」とわかります。
　入学当初はとても素直な子どもたちです。「中学校になったら勉強がんばるぞ」とやり直しの気持ちをもって，入学してくる生徒が多いです。5月までは平穏に過ぎていきます。6月を過ぎると徐々に状況が変わっていきます。
　やる気はあるのですが，基本的な学力がないので授業がわからなくなってくるのです。ひらがながスラスラ読めない，漢字が読めない，九九が「遅い」生徒がたくさんいます。
　授業がわからなくなった生徒が何をすると思いますか。同じようにわからなくなっている友だちを見つけて遊びだすのです（笑）。
　それを先生に注意されます。注意され続けると生徒はその先生をきらいになります。
　その生徒は，その先生の科目もきらいになり，勉強をしなくなります。ノートをとらなくなり，プリントにも取り組まなくなってしまいます。勉強しなくなるとますます授業がわからなくなり，私語が増加します。
　そうするとどうしても先生の注意も増えてしまいます。そうこうするうちに注意に反抗したり，どうせ何やっても無駄だという気持ちになったりするのです。ちょうどその頃，期末考査がやってきます（笑）。
　結果は……ご想像どおりです。
　これを何回かくりかえすと「荒れの土壌」が完成します。体も小学生とはちがいます。注意だけで聞く年齢ではなくなっているのです。最終的に，立ち歩きやエスケープ，廊下に溜まる，校内徘徊，指導無視，校内暴力へと発展することもめずらしくありません。これを私は「土台なしスパイラル」と呼んでいます。
　しかし，すべてのはじまりは基本的な学力がなかったことです。

## 中学英語の「トレーニングユニット」

① 月曜日から日曜日を超高速読み（上がり，下がりどちらも）
② 1月から12月を超高速読み（上がり，下がりどちらも）
③ 代名詞一覧表の超高速読み
④ 動詞のコロケーションの音読
⑤ be動詞の基本例文（肯定文，疑問文，否定文）のリズム音読
⑥ 一般動詞の基本例文（肯定文，疑問文，否定文）のリズム音読
⑦ 疑問詞含む基本例文のリズム音読
⑧ 教科書のリズム音読
⑨ ビンゴ

読み・書き・計算というごくごく当たり前の学力が見過ごされ続け，引き起こされる問題なのです。

私たち中学校教員が困っているのは，思考力・判断力・表現力のような学力が生徒についていないことではありません。小学校で積み重ねられているはずの基本的な学力が身についていないことに困っているのです。

### 中学校でのユニット授業実践 ── 英語

「土台なしスパイラル」を避けるために私はユニット授業に取り組んでいます。

授業の最初は「トレーニングユニット」です。基礎体力作り・基本技術の反復練習のことです。土台なしスパイラルに陥らないためには，「短く」「何度も」「しつこく」「あきらめずに」「リズムよく」活動を行うことです。

現在私が取り組んでいる「トレーニングユニット」は上のとおりです。（1年生12月）

9つの活動を15分から20分程度で行います。大量の英文を脳内にインプットさせています。

音読にはさまざまなパターンがありますが，基本的には先生のあとをくりかえさせます。教師→生徒の順で音読させます。続いて，ペア同士での音読です。

先生のあとをくりかえすときは着席，ペアで読むときは起立です。一つ一つのユニットでそれらをくりかえします。したがって，授業開始10分で15回近く起立→音読→着席をくりかえすことになります。多動傾向にある生徒も授業の開始が定まっていること，起立→音読→着席をくりかえすことで落ち着きます。

また，私は「流れるプール」を意識して全体を巻き込んでいきます。気づかないうちに授業に「参加」している状態を作るのです。

全体→男子だけ→女子だけ→班→1人ずつという流れを「切らず」に連続させていくのです。

それを毎回くりかえすうちに生徒たちは「最終的には1人でやる」とわかっているので，最初から真剣に音読に取り組むようになります。

この「流れるプール」が完成すると全員参加の授業ができると思います。

最近の子どもたちの発言です。「あ，前よりできるようになった」「あいつ前より上手になったね」。自分だけでなく友だちの変化までわかります。「なんとなく答えはこれだと思う。音的にそんな気がする」。これは生徒がいかに音読を積み重ねてきたかの証拠です。

### サークルは超刺激的!!

たった1分間でもユニット授業はできます。

指導がうまくいかなければ相談できるサークルがあります。学級の様子をbefore→afterで撮影して映像を持ってくる先生がたくさんいます。指導前と指導後の変化で比較するのです。そうすることで何がよくて何が悪いのか一目瞭然になります。

当然キャリアの差はありますが，めざすべき道が見えるのでやる気が出ます。みなさんもユニット授業に挑戦してみませんか。

## ユニット授業研究会(略して「ユニプロ」)

毎月1回例会を開催。
メンバーがユニット授業の実践映像を見せながら発表,検討し合う。
今の課題,悩み,次の一手など杉渕先生はじめ,メンバーからの熱い助言が飛び交う。
2011年に発足。

## 杉渕 鐵良
すぎぶち てつよし

ユニット授業研究会代表。
子どもを伸ばすことをめざし，ユニット授業を開発。
その指導力から「教育の鉄人」と呼ばれ，全国的に知られる。

1959年東京都生まれ。
青山学院大学卒業後，東京都公立小学校教諭に。
現在，東京都清瀬市立清瀬第八小学校教諭。

著書に『完全燃焼！ 奇跡の子どもたち〈4月編〉』（日本標準），『子どもが授業に集中する魔法のワザ！』『子ども集団を動かす魔法のワザ！』（以上，学陽書房）など多数。

※本文中の所属は 2014 年 3 月現在。

写真（カバー表紙, p.142, p.143）遠崎智宏

JASRAC 出 1403785-602

## 全員参加の全力教室
### やる氣を引き出すユニット授業

2014 年 5 月 5 日　第 1 刷発行
2017 年 1 月 25 日　第 2 刷発行

編著者　杉渕鐵良 + ユニット授業研究会
発行者　伊藤 潔
発行所　株式会社日本標準
　　　　〒167-0052　東京都杉並区南荻窪 3-31-18
　　　　電話 03-3334-2630〔編集〕
　　　　　　 03-3334-2620〔営業〕
　　　　URL http://www.nipponhyojun.co.jp
印刷・製本　株式会社リーブルテック

ISBN 978-4-8208-0574-8

Printed in Japan
＊乱丁・落丁の場合はお取り替えいたします。
＊定価はカバーに表示してあります。